物流服务企业营销管理研究

眭素芳　周　丽　著

哈尔滨出版社
HARBIN PUBLISHING HOUSE

图书在版编目（CIP）数据

物流服务企业营销管理研究／眭素芳，周丽著.
哈尔滨：哈尔滨出版社，2024.11. -- ISBN 978-7-5484-
8020-4

Ⅰ. F253
中国国家版本馆 CIP 数据核字第 202413XB10 号

书　　名：物流服务企业营销管理研究
　　　　　WULIU FUWU QIYE YINGXIAO GUANLI YANJIU

作　　者：眭素芳　周　丽　著
责任编辑：刘　硕
封面设计：筱　萸

出版发行：哈尔滨出版社（Harbin Publishing House）
社　　址：哈尔滨市香坊区泰山路 82－9 号　　邮编：150090
经　　销：全国新华书店
印　　刷：玖龙（天津）印刷有限公司
网　　址：www. hrbcbs. com
E － mail：hrbcbs@yeah. net
编辑版权热线：（0451）87900271　87900272
销售热线：（0451）87900202　87900203

开　　本：787mm×1092mm　1/16　印张：11　字数：249 千字
版　　次：2024 年 11 月第 1 版
印　　次：2024 年 11 月第 1 次印刷
书　　号：ISBN 978-7-5484-8020-4
定　　价：68.00 元

凡购本社图书发现印装错误，请与本社印制部联系调换。
服务热线：（0451）87900279

前言
PREFACE

在全球化与数字化的浪潮中，物流服务企业的角色和地位日益凸显。随着供应链管理的不断演进，物流不仅是简单的商品运输和存储，更是连接生产商、分销商和消费者的重要桥梁。因此，物流服务企业的营销管理能力直接关系其市场竞争力与可持续发展。

本书旨在深入剖析物流服务企业在营销管理方面所面临的挑战与机遇，探索科学有效的管理策略和实践方法。本书从物流的基本概念入手，逐步深入到物流市场营销及其环境分析，帮助读者建立对物流市场的全面认识。在此基础上，本书进一步分析了物流服务企业目标市场营销，以及物流产品定价、渠道选择和促销策略的制定与执行。这些内容是物流服务企业营销管理的核心，也是提升企业竞争力的关键。

此外，本书还对物流服务企业品牌管理、第三方物流及其服务管理进行了详细的介绍。品牌是企业的无形资产，对于物流服务企业而言更是如此。通过品牌管理，企业可以塑造良好的市场形象，提升客户忠诚度和满意度。同时，随着第三方物流市场的快速发展，如何为客户提供高效、可靠的物流服务，成为物流服务企业亟需解决的问题。本书通过案例分析和理论探讨，为读者提供了宝贵的经验和启示。值得一提的是，本书还对物流客户关系管理进行了深入的研究。在客户关系管理日益受到重视的今天，如何建立和维护与客户的长期合作关系，成为物流服务企业的重要任务。本书从多个角度出发，提出了客户关系管理的策略和方法，帮助物流服务企业在激烈的市场竞争中站稳脚跟。

本书还关注物流业务与运营绩效管理的创新实践。在快速变化的市场环境中，如何不断提升运营效率和服务质量，是物流服务企业持续发展的关键。本书通过介绍先进的绩效管理理念和方法，帮助物流服务企业建立科学、有效的绩效管理体系，推动企业的持续改进和发展。

总之，本书既是对物流服务企业营销管理实践的总结与提炼，也是对未来发展方向的展望与探索。希望本书的出版能够为物流服务企业的营销管理工作提供参考和借鉴，帮助物流服务企业在激烈的市场竞争中脱颖而出，实现可持续发展。

目录
CONTENTS

第一章

物流服务企业营销管理现状

第一节 物流服务企业营销管理概述

一、物流服务企业营销管理的定义和特点

在当今竞争激烈的商业环境中，物流服务企业作为供应链的重要环节，其营销管理的效果直接关系物流服务企业的生存与发展。物流管理不仅是物资和信息的流动，更是价值的流动。因此，对于物流服务企业来说，构建和实施一套科学、有效的营销管理策略显得尤为重要。

（一）物流服务企业营销管理的定义

物流服务企业营销管理指的是企业通过市场调研、市场细分、目标市场选择、产品定位、营销策略制定与执行等过程，以满足客户需求为核心，实现物流服务价值最大化，同时实现企业盈利目标的综合性管理活动。这一过程涉及服务的规划、推广、销售及后续的客户关系维护等环节。

（二）物流服务企业营销管理的特点

服务性：物流服务企业的核心产品是服务，这要求营销管理必须高度关注客户需求，提供个性化、差异化的服务方案。

全球化：随着国际贸易的不断发展，物流服务企业的市场已经从区域扩展到全球，营销管理需要具备国际视野和跨文化沟通能力。

技术性：现代物流管理高度依赖信息技术，如物联网、大数据、人工智能等，这些技术的应用不仅提高了物流效率，也为营销管理提供了新的手段和工具。

风险性：物流行业面临着多种风险，如运输风险、货物损失、信息泄露等，营销管理需要在确保服务质量的同时，有效规避和应对这些风险。

（三）物流服务企业营销管理的核心任务

市场调研与分析：深入了解市场需求、客户偏好和竞争对手情况，为物流服务企业制定营销策略提供数据支持。

市场细分与目标市场选择：根据客户需求和自身资源能力，将市场划分为不同的细分

1

市场，并选择最具潜力的目标市场进行重点开发。

产品定位与服务设计：根据目标市场的特点和需求，明确产品的市场定位，设计符合客户期望的服务方案。

营销策略制定与执行：综合运用产品、价格、促销、渠道等营销手段，制定有针对性的营销策略，并通过有效执行确保策略落地。

客户关系管理与维护：建立长期稳定的客户关系，提供优质的售后服务，通过客户反馈不断改进和提升服务质量。

（四）物流服务企业营销管理的挑战与对策

客户需求多样化：面对客户日益多样化的需求，物流服务企业需要不断创新服务模式，提供个性化的解决方案。

市场竞争加剧：随着物流行业的不断发展，竞争日益激烈，企业需要不断提升自身实力，通过优质服务赢得市场份额。

成本压力：物流行业的成本压力较大，企业需要在保证服务质量的同时，有效控制成本，提高盈利能力。

技术变革快速：面对快速变化的技术环境，物流服务企业需要紧跟时代步伐，积极应用新技术，提高服务效率和质量。

（五）总结

综上所述，物流服务企业的营销管理是一项复杂而重要的工作。它要求企业不仅要具备深厚的行业知识和一定的专业技能，还要具备敏锐的市场洞察力和一定的创新能力。只有这样，才能在激烈的市场竞争中脱颖而出，实现可持续发展。因此，物流服务企业应高度重视营销管理工作，不断提升自身的营销能力和服务水平，以满足客户的需求和期望。

二、物流服务企业营销管理的现状

随着全球化和电子商务的快速发展，物流服务企业在国民经济中的地位日益凸显。作为连接供应链上下游的关键环节，物流服务企业面临着前所未有的机遇与挑战。在这样的背景下，其营销管理的现状也呈现一些新的特点和趋势。本部分内容将对当前物流服务企业营销管理的现状进行深入的剖析。

（一）市场竞争加剧

近年来，随着物流行业的快速发展，市场上的物流服务企业数量不断增加，竞争日益激烈。为了争夺市场份额，许多物流服务企业采取了低价策略，导致行业整体利润水平下降。同时，一些国际知名物流服务企业凭借其强大的品牌影响力和先进的管理经验，占据了市场的优势地位，给国内物流服务企业带来了巨大的压力。

（二）客户需求多样化

随着消费者需求的不断变化，物流服务企业面临着多样化的客户需求。客户不仅要求物流服务企业提供快速、准确、安全的运输服务，还期望能够获得个性化、专业化的物流服务方案。为了满足客户的多样化需求，物流服务企业需要不断创新服务模式，提高服务质量和效率。

（三）技术创新推动营销管理升级

随着信息技术的快速发展，物流服务企业的营销管理也在不断创新和升级。大数据、物联网、人工智能等技术的应用，使得企业能够精准地把握市场需求和客户偏好，制定有效的营销策略。同时，这些技术的应用也提高了企业的服务水平和效率，增强了企业的竞争力。

（四）绿色环保成为营销管理的新趋势

随着全球环保意识的不断提高，绿色环保已经成为物流服务企业营销管理的新趋势。越来越多的企业开始关注环保问题，积极采取环保措施，推动绿色物流的发展。这不仅有助于减少环境污染和资源浪费，还能够提高企业的声誉。

（五）国际化趋势明显

随着全球化的深入发展，物流服务企业的国际化趋势越来越明显。许多企业开始积极拓展海外市场，参与国际竞争。这要求企业不仅要具备强大的实力和先进的管理经验，还需要具备跨文化沟通和国际市场营销的能力。

（六）人才短缺成为制约因素

尽管物流服务企业在营销管理方面取得了不少成就，但也面临着人才短缺的困境。由于物流行业的特殊性和复杂性，企业需要具备丰富的行业知识和实践经验的人才来支撑营销管理工作。然而，目前市场上符合要求的物流管理人才相对较少，这成为制约企业发展的重要因素。

综上所述，当前物流服务企业营销管理的现状呈现市场竞争加剧、客户需求多样化、技术创新推动营销管理升级、绿色环保成为营销管理的新趋势、国际化趋势明显及人才短缺成为制约因素等特点。面对这些挑战和机遇，物流服务企业需要不断创新和改进营销管理策略，提高服务质量和效率，以满足客户的需求和期望。同时，企业还需要注重人才培养和引进，为企业的可持续发展提供有力保障。

三、物流服务企业营销管理存在的问题

物流服务企业在现代供应链中扮演着至关重要的角色，其营销管理的有效性直接关系企业的竞争力和市场份额。然而，在实际操作中，许多物流服务企业在营销管理方面存在一些问题。这些问题不仅影响了企业的运营效率，还制约了企业的长期发展。本部分内容将对这些问题进行详细的剖析。

（一）缺乏明确的市场定位

许多物流服务企业在市场定位上缺乏明确性，导致服务产品同质化严重，难以区分自己与竞争对手的差异。没有明确的市场定位，企业就难以制定有针对性的营销策略，也难以形成独特的品牌形象。因此，企业需要加强市场研究并明确市场定位。

（二）营销手段单一

在营销手段上，一些物流服务企业过于依赖传统的广告和促销手段，而忽视了数字化营销等新兴手段的运用。随着互联网的普及和消费者行为的改变，单一的营销手段已经难

以满足客户的需求和期望。企业需要综合运用多种营销手段，包括社交媒体营销、内容营销、搜索引擎优化等，以更好地吸引和留住客户。

（三）客户服务质量参差不齐

物流服务企业的核心竞争力之一是客户服务质量。然而，在实际操作中，一些企业的客户服务质量参差不齐，导致客户满意度不高。这可能是由企业员工素质不一、服务流程不规范等引起的。为了提高客户满意度和忠诚度，企业需要加强员工培训、优化服务流程、建立有效的客户服务反馈机制等。

（四）缺乏数据驱动的决策支持

在大数据时代背景下，数据驱动的决策已经成为企业管理的必然趋势。然而，一些物流服务企业在营销管理中缺乏数据意识，难以有效利用数据来指导决策。这可能导致企业在制定营销策略时缺乏针对性和实效性。因此，企业需要加强数据收集和分析能力，运用数据分析工具来指导营销策略的制定和执行。

（五）品牌意识不强

品牌是企业形象和价值的体现，也是吸引客户的重要因素。然而，一些物流服务企业在品牌建设上缺乏足够的重视和投入，导致品牌知名度和美誉度不高。为了提高品牌竞争力，企业需要加强品牌意识培养、制订品牌战略规划、加强品牌传播和推广等。

（六）忽视客户关系管理

客户关系管理是现代营销管理的核心之一，它有助于企业建立长期稳定的客户关系、提高客户满意度和忠诚度。然而，一些物流服务企业在客户关系管理上存在不足，如缺乏完善的客户信息系统、忽视客户反馈和投诉处理等。这些问题可能导致客户流失和市场份额下降。因此，企业需要建立完善的客户关系管理系统、加强客户沟通和互动、及时处理客户反馈和投诉等。

（七）缺乏创新意识和能力

随着市场环境的不断变化和消费者需求的日益多样化，物流服务企业需要具备创新意识和能力来应对挑战和抓住机遇。然而，一些企业在创新方面缺乏足够的投入和动力，导致服务产品和服务模式缺乏创新性和竞争力。为了提高创新能力，企业需要加强研发投入、鼓励员工创新、建立创新文化等。

（八）总结

综上所述，物流服务企业在营销管理方面存在诸多问题。这些问题不仅影响了企业的运营效率和市场竞争力，还制约了企业的长期发展。为了解决这些问题，企业需要加强市场研究并明确市场定位、综合运用多种营销手段、提高客户服务质量、加强数据驱动的决策支持、强化品牌意识、重视客户关系管理及增强创新意识和能力等。只有这样，才能在激烈的市场竞争中立于不败之地。

四、物流服务企业营销管理的发展趋势

随着全球经济的不断发展和科技进步的日新月异，物流服务企业营销管理面临着前所

未有的挑战和机遇。在这个大背景下，物流服务企业需要紧跟时代步伐，不断调整和优化营销策略，以适应市场的变化和满足客户的需求。本部分内容将从多个方面探讨物流服务企业营销管理的发展趋势。

（一）数字化转型

数字化转型是当前物流服务企业营销管理的重要趋势之一。随着大数据、人工智能、物联网等技术的广泛应用，物流服务企业需要实现数字化转型以提升管理效率和客户满意度。数字化转型可以帮助企业更好地收集和分析客户数据，实现精准营销。同时，通过自动化和智能化的物流管理系统，企业可以提高物流运作的效率和准确性，提升客户满意度。

（二）个性化服务

随着消费者对个性化需求的日益增加，物流服务企业需要提供个性化的服务，以满足客户的需求。企业可以通过深入了解客户的偏好、需求和习惯，为客户提供定制化的物流解决方案。此外，企业还可以通过提供多样化的增值服务，如仓储管理、代收货款、配送安装等，进一步提升客户的满意度和忠诚度。

（三）供应链管理整合

物流管理不仅是简单的物品运输和仓储，更涉及整条供应链的整合和优化。物流服务企业需要与供应链上下游的企业紧密合作，实现信息共享和协同管理。通过整合供应链资源，企业可以为客户提供高效、可靠的物流服务，同时降低物流成本，提高整体竞争力。

（四）绿色可持续发展

随着环保意识的日益增强，绿色可持续发展已经成为物流服务企业营销管理的重要方向。企业需要关注环保、节能和减排等方面的问题，积极推广绿色物流。例如，企业可以通过采用清洁能源、优化运输路线、减少包装废弃物等方式降低物流活动对环境的影响。同时，企业还可以与客户合作，共同推动绿色供应链的建设和发展。

（五）跨境电商物流发展

随着全球电子商务的快速发展，跨境电商物流成为物流服务企业的重要发展方向。企业需要关注跨境电商市场的变化和发展趋势，积极拓展海外市场。通过与国际物流服务企业合作或建立海外仓储等方式，企业可以提高跨境电商物流的效率和可靠性，满足消费者对快速、便捷、安全的物流服务的需求。

（六）智能化技术应用

智能化技术应用是物流服务企业营销管理的重要趋势之一。通过应用人工智能、机器学习、自动化等技术，企业可以实现物流管理的自动化和智能化。例如，企业可以利用人工智能技术优化运输路线、预测物流需求、提高仓储管理效率等。同时，智能化技术还可以帮助企业提高决策水平和应对市场变化的能力。

综上所述，物流服务企业营销管理面临着数字化转型、个性化服务、供应链管理整合、绿色可持续发展、跨境电商物流发展和智能化技术应用等发展趋势。企业需要紧跟时代步伐，不断调整和优化营销策略，以适应市场的变化和满足客户的需求。同时，企业还需要关注行业发展趋势和技术创新动态，积极探索新的营销模式和服务方式，以提升整体竞争力和实现可持续发展。

五、物流服务企业营销管理的应用创新

在新的时代背景下，应该加快物流服务企业营销管理的应用创新。加快电子商务平台硬件建设，实现电子商务平台的高效运行，为电子商务交易双方提供顺畅的信息支持。信息畅通的电商交易平台能够及时响应客户订单，确保交易效率。积极开展物流推广活动。要求相关人员精通物流服务推广知识和技能。详细调查物流市场需求和客户的实际需求，加强物流服务企业的营销管理和创新。例如，优化物流产品、价格、渠道和促销的管理，在成本、便利性和沟通方面进行服务创新管理。在整个优化升级过程中，价格应控制在客户可接受的范围内，为客户提供优质服务。

（一）加强对物流服务企业营销人员的培训

全面提高物流服务企业营销人员的综合素质。加强物流服务企业营销人员的岗前培训。提高员工的专业技能，培养员工的综合素质，如服务态度、服务理念、服务效果等。培养物流服务企业营销人员综合技能和综合素质。企业要有针对性地对员工进行教育引导，实现营销人员与运营人员的整合，形成强大的人才储备，充分利用物流服务企业的人力资源优势。给广大员工营造良好的文化学习氛围，创建图书馆，建立电子学习平台，与员工保持密切联系，进行线上线下互动，增强员工的创新意识和创新能力，为物流服务企业的营销管理和创新打下坚实的基础。

（二）科学配置物流营销岗位

完善物流服务企业营销岗位的科学合理布局，应充分考虑客户的市场需求和实际需求。做到统一协调、定岗。人才的选拔需要严格按照岗位责任制进行，根据岗位能力，选择最合适的岗位人才。明确各岗位职责分工，制定详细、科学的绩效考核体系，注重对员工综合技能和素质的考核，全面提高物流服务企业营销管理质量。适当提高物流服务企业营销人员的薪酬水平，提高福利待遇，调动员工的积极性和主观能动性，提高员工对企业的归属感，促进物流服务企业的营销管理、创新和升级。

（三）充分发挥物流产品的差异化优势

供应链模式下物流服务功能的发挥，要求物流服务企业充分发挥服务产品的差异化优势，通过市场调研和客户拜访，开发客户所需的特色产品，满足消费者的个性化需求。注重市场细分和需求细分的平衡，注重科学管理和创新，充分发挥物流服务产品的差异化功能，提高消费者对物流服务产品的兴趣，带动物流服务企业利润增长，促进物流业健康发展。

第二节　物流服务企业营销管理的优化与提升

一、物流服务企业营销管理的案例分析

（一）概述

随着全球化和电子商务的快速发展，物流服务企业在整条供应链中扮演着越来越重要

的角色。为了应对激烈的市场竞争和不断变化的客户需求，物流服务企业需要不断创新和优化其营销管理策略。本案例分析将深入探讨一家具有代表性的物流服务企业——××公司，在分析其市场环境的基础上，探讨其营销管理策略、挑战与机遇，并总结可供其他物流服务企业借鉴的内容。

（二）××公司概况

××公司是一家成立多年的综合性物流服务企业，提供国内外货物运输、仓储管理、配送服务及供应链解决方案等多元化物流服务。公司通过多年的积累和发展，已经形成了较为完善的物流网络和服务体系，并在行业内树立了良好的品牌形象。

（三）市场环境分析

市场需求：随着电子商务和制造业的快速发展，物流服务需求呈现快速增长的趋势。客户对物流服务的要求也越来越高，包括时效性、安全性、信息化等方面。

竞争态势：物流服务市场竞争激烈，不仅有国内外大型物流服务企业的竞争，还有众多中小型物流服务企业的竞争。同时，随着技术的进步和市场的变化，新的竞争者也在不断涌现。

政策法规：政府对物流行业的政策法规也在不断完善和调整，这对物流服务企业的运营和管理也带来了一定的挑战。

（四）营销管理策略

市场定位：××公司明确了自己的市场定位，专注于为电子商务、制造业等提供高效、可靠的物流服务。通过深入了解行业特点和客户需求，公司不断优化服务流程和提高服务质量。

品牌建设：××公司注重品牌建设，通过提升服务质量和客户体验来树立品牌形象。公司还积极参加各类行业活动和论坛，加强与同行的交流与合作，提升品牌知名度和影响力。

渠道拓展：为了拓展市场份额，××公司积极开拓线上线下渠道。线上方面，公司建立了自己的官方网站和电商平台，提供在线查询、下单、支付等功能；线下方面，公司与多家电商平台和制造企业建立了长期合作关系，为其提供定制化的物流解决方案。

客户服务：××公司高度重视客户服务工作，通过建立完善的客户服务体系和培训专业的客服团队，确保能够及时响应并解决客户的问题和需求。同时，公司还通过定期的客户满意度调查和改进措施的实施，不断提升客户满意度和忠诚度。

（五）挑战与机遇

挑战：随着市场竞争的加剧和客户需求的变化，××公司面临着提升服务效率和质量、降低成本、拓展市场份额等方面的挑战。此外，新技术的不断涌现也给公司的运营和管理带来了新的挑战。

机遇：随着电子商务和制造业的持续发展及相关国家战略的实施，物流服务需求将继续保持快速增长的趋势。同时，新技术的不断涌现也为公司提供了创新发展的机遇。

（六）总结与启示

通过深入分析××公司的营销管理案例，我们可以得出以下几点总结和启示：

明确市场定位：物流服务企业应明确自己的市场定位和目标客户群体，根据行业特点和客户需求制定相应的营销策略和服务方案。

注重品牌建设：品牌建设是提升物流服务企业竞争力的重要手段之一。企业应通过提升服务质量和客户体验来树立品牌形象，加强品牌宣传和推广工作。

拓展渠道和创新服务：企业应积极开拓线上线下渠道，加强与电商平台和制造企业的合作，拓展市场份额。同时，企业还应不断创新服务方式和产品，满足客户的多样化需求。

关注新技术和新趋势：随着科技的不断进步和市场的不断变化，物流服务企业应密切关注新技术和新趋势的发展，及时调整和优化自己的营销策略和服务模式。

综上所述，××公司的营销管理案例为我们提供了宝贵的经验和启示。通过深入分析其策略、挑战与机遇，我们可以更好地了解物流服务企业营销管理的发展趋势和实践要求，为其他物流服务企业的创新发展提供有益的参考和借鉴。

二、物流服务企业营销管理的未来展望

随着全球贸易的日益繁荣和技术的飞速发展，物流服务企业作为连接全球供应链的重要桥梁，其营销管理策略正面临着前所未有的机遇与挑战。在未来，物流服务企业营销管理将如何发展？本部分内容将结合当前市场趋势和技术进步，对物流服务企业营销管理的未来进行展望。

（一）智能化营销决策支持系统

未来，随着大数据、人工智能等技术的广泛应用，智能化营销决策支持系统将成为物流服务企业的标配。这一系统能够实时收集和分析市场数据、客户需求、竞争对手动态等信息，为企业提供精准的市场预测和决策支持。通过智能化营销决策支持系统，企业能够准确地制定营销策略，提高市场响应速度和营销效果。

（二）个性化与定制化服务

随着消费者对个性化需求的日益增加，物流服务企业需要提供个性化和定制化的服务。通过深入了解客户的行业特点、业务流程和物流需求，企业可以为客户量身定制物流解决方案，提供个性化的运输、仓储、配送等服务。同时，企业还可以通过提供多样化的增值服务，如供应链金融、信息管理等，进一步满足客户的多元化需求。

（三）数字化与网络化营销渠道

随着互联网的普及和电子商务的快速发展，数字化和网络化营销渠道将成为物流服务企业的重要发展方向。企业可以通过建立官方网站、社交媒体平台等线上渠道，提供在线查询、下单、支付等功能，为客户提供便捷的服务体验。同时，企业还可以通过与电商平台、制造企业等合作，拓展线下渠道，实现线上线下渠道的有机结合。

（四）供应链协同与整合

未来，物流服务企业需要更加注重与供应链上下游企业的协同与整合。通过与供应商、生产商、销售商等合作伙伴的紧密合作，实现信息共享、风险共担和利益共享。通过整合供应链资源，提高供应链的整体效率和竞争力，为客户提供高效、可靠的物流服务。

（五）客户服务与体验优化

在未来，客户服务与体验将成为物流服务企业竞争的关键。企业需要建立完善的客户

服务体系，提供全方位的客户服务支持。同时，企业还需要通过不断优化服务流程、提高服务质量和响应速度等方式，提升客户满意度和忠诚度。通过提供卓越的客户服务体验，企业可以赢得客户的信任，进而赢得市场份额。

综上所述，物流服务企业营销管理的未来展望充满了机遇与挑战。企业需要紧跟时代步伐，积极应对市场变化和技术进步，不断调整和优化营销管理策略。通过智能化营销决策支持系统、个性化与定制化服务、数字化与网络化营销渠道、供应链协同与整合及客户服务与体验优化等方向的努力，物流服务企业将在未来的市场竞争中取得优异的成绩。

三、物流服务企业营销管理的技术应用

（一）概述

随着科技的飞速发展，技术在物流服务企业营销管理中的作用日益凸显。技术的运用不仅提高了营销管理的效率和准确性，还为企业带来了更多的创新机会和竞争优势。本部分内容将深入探讨物流服务企业营销管理中技术应用的重要性、当前技术应用现状及未来技术应用趋势，旨在揭示技术如何推动物流服务企业营销管理的变革和发展。

（二）技术应用的重要性

提高效率：通过自动化、智能化的技术工具，企业可以优化营销流程，减少人工操作，从而提高工作效率。

精准营销：数据分析、人工智能等技术可以帮助企业更准确地识别目标客户群体，制定个性化的营销策略。

增强客户体验：借助先进的技术，企业可以为客户提供便捷、高效的服务，提升客户满意度和忠诚度。

（三）当前技术应用现状

大数据分析：物流服务企业利用大数据技术收集和分析市场数据、客户行为数据等，以洞察市场趋势，预测客户需求，为营销策略制定提供数据支持。

人工智能：AI技术在物流服务企业的营销管理中得到了广泛应用。例如，通过机器学习算法优化运输路线、预测货物需求量等，提高物流运作的效率和准确性。

物联网技术：物联网技术使得物流服务企业可以实时监控货物的运输状态、仓储情况等，确保物流过程的透明度和可追溯性。

社交媒体与数字化营销：社交媒体平台成为物流服务企业与客户互动的重要渠道。通过社交媒体营销、内容营销等手段，企业可以扩大品牌影响力，吸引潜在客户。

（四）未来技术应用趋势

增强现实（AR）与虚拟现实（VR）：AR和VR技术将为物流服务企业提供沉浸式的营销体验。例如，通过VR技术让客户在虚拟环境中体验货物的运输过程，增强客户对服务的信任感。

区块链技术：区块链技术可以提高物流信息的透明度和可信度，确保数据的安全性和不可篡改性。未来，区块链技术有望在物流服务企业的营销管理中发挥更大作用。

自动化与机器人技术：随着自动化和机器人技术的不断发展，物流服务企业的营销管

理将更加智能化和自动化。例如，自动化仓储系统、无人驾驶运输车辆等将进一步提高物流运作的效率和成本效益。

（五）技术应用的挑战与对策

数据安全与隐私保护：在技术应用过程中，企业需要高度重视数据安全和隐私保护工作。通过数据加密、访问控制等措施，确保客户数据的安全性和隐私性。

技术更新与人才培养：随着技术的不断发展和更新，企业需要加强技术培训和人才培养工作的力度。通过定期组织内部培训、外部培训等方式，提高员工的技术水平和应用能力。

技术投入与成本控制：在技术应用过程中，企业需要根据自身实际情况和技术成本效益进行投入决策。通过合理的技术选择和资源配置，实现技术投入与成本控制的平衡。

（六）总结与展望

技术应用对物流服务企业营销管理的发展具有重要推动作用。通过充分利用当前先进技术和把握未来技术趋势，物流服务企业可以不断提高营销管理的效率和准确性，为客户提供优质、高效的服务。同时，企业还需要关注技术应用过程中的挑战与问题，积极采取措施加以应对和解决。展望未来，随着技术的不断进步和创新发展，物流服务企业营销管理将迎来更加广阔的发展空间和机遇。

综上所述，技术应用对物流服务企业营销管理的影响深远而重要。在未来的发展中，让我们共同期待技术服务为物流服务企业营销管理带来更多的创新和变革。

四、物流服务企业营销管理的团队建设

（一）概述

在物流服务企业中，营销管理的团队建设是至关重要的。一个优秀的营销团队能够推动企业的发展，提高市场份额和竞争力。然而，团队建设并非一蹴而就的过程，需要企业投入大量的时间和精力。本部分内容将深入探讨物流服务企业营销管理的团队建设的重要性、关键要素及优化策略，旨在为企业提供有益的参考和启示。

（二）团队建设的重要性

提升营销效率：一个高效的营销团队能够迅速响应市场变化，准确把握客户需求，制定并执行有效的营销策略。

增强创新能力：团队成员间的知识共享和思维碰撞有助于激发新的创意和想法，为企业带来更多的可能性。

强化品牌形象：专业、高效的营销团队能够提升企业的品牌形象和知名度，吸引更多潜在客户。

（三）团队建设的关键要素

明确团队目标：确立清晰、具体的团队目标，确保团队成员对目标有共同的认识和理解，形成共同的奋斗方向。

优化人才结构：根据营销工作的需要，选拔具备不同专业背景和技能的优秀人才，形成互补性强的人才结构。

加强沟通与协作：建立有效的沟通机制，鼓励团队成员间的信息共享和协作，提高团队整体效率。

提供培训与支持：定期为团队成员提供专业培训和发展机会，帮助他们提升专业技能和综合素质，为团队的长远发展奠定基础。

（四）团队建设的优化策略

建立激励机制：通过设立明确的奖励制度、晋升机会等激励措施，激发团队成员的积极性和创造力。

营造良好氛围：倡导积极向上的团队文化，营造和谐、宽松的工作氛围，增强团队凝聚力和向心力。

强化团队领导力：选拔具备领导力和影响力的团队领导者，引领团队朝着既定目标前进。

注重团队建设活动：定期组织团队建设活动，如户外拓展、团队培训等，增进团队成员间的相互了解和信任。

（五）团队建设中的挑战与对策

团队成员间的冲突：针对团队成员间的矛盾和冲突，应建立有效的调解机制，及时化解矛盾，维护团队和谐。

人才流失问题：为防止人才流失，企业应提供具有竞争力的薪资待遇和福利保障，同时加强员工关怀和职业规划指导。

团队效率瓶颈：当团队面临效率瓶颈时，可通过优化工作流程、引入新技术等手段提升团队效率。

（六）总结与展望

团队建设是物流服务企业营销管理的重要组成部分。通过明确团队目标、优化人才结构、加强沟通与协作及提供培训与支持等关键要素的实践和落实，企业可以打造一个高效、创新、团结的营销团队。同时，面对团队建设中的挑战和问题，企业应积极采取对策加以解决。展望未来，随着市场竞争的日益激烈和客户需求的不断变化，物流服务企业营销管理的团队建设将面临更多的机遇和挑战。因此，企业应持续关注团队建设的发展趋势和实践经验，不断优化和完善团队建设策略，为企业的长远发展提供有力保障。

第三节　物流服务企业营销管理的风险与发展

一、物流服务企业营销管理的风险管理

（一）概述

在物流服务企业中，营销管理面临着多种风险，如市场风险、竞争风险、操作风险等。有效的风险管理对于确保营销活动的顺利进行和企业的长期稳定发展至关重要。本部分内容将深入探讨物流服务企业营销管理的风险管理的重要性、风险管理流程、风险识别

与评估方法、风险应对策略及风险管理的挑战与对策，旨在为企业提供一套完整的风险管理框架和策略。

（二）风险管理的重要性

保障企业稳定发展：通过有效的风险管理，企业可以减少不必要的损失，确保经营活动的持续性和稳定性。

提高营销效率：风险管理有助于企业精准地识别市场机会和潜在威胁，制定有效的营销策略。

增强企业竞争力：通过降低风险，企业可以在市场竞争中占据更有利的位置，提高整体竞争力。

（三）风险管理流程

风险识别：通过收集和分析市场数据、客户反馈、竞争对手动态等信息，识别出潜在的营销风险。

风险评估：对识别出的风险进行量化和定性评估，确定其可能性和影响程度，为后续的风险应对策略提供依据。

风险应对：根据风险评估结果，制定相应的风险应对策略，如风险规避、风险降低、风险转移等。

风险监控与反馈：对风险应对策略的执行情况进行持续监控，及时调整和优化策略，同时收集反馈信息，为未来的风险管理提供参考。

（四）风险识别与评估方法

SWOT 分析：通过分析企业的优势、劣势、机会和威胁，全面识别出潜在的营销风险。

PEST 分析：对政治、经济、社会和技术等外部环境的分析，评估外部环境变化对企业营销活动的影响。

风险矩阵：通过构建风险矩阵，对风险的可能性和影响程度进行量化评估，为风险应对策略的制定提供依据。

（五）风险应对策略

风险规避：通过调整营销策略或避免进入高风险市场等方式，直接避免潜在风险的发生。

风险降低：通过加强内部管理、提高服务质量、优化流程等方式，降低风险发生的可能性和影响程度。

风险转移：通过购买保险、寻求合作伙伴等方式，将部分风险转移给其他实体承担。

（六）风险管理的挑战与对策

数据收集与分析难度：针对数据收集和分析的困难，企业应建立完善的数据收集和分析体系，提高数据质量和准确性。

风险应对策略的执行难度：为确保风险应对策略的有效执行，企业应制订详细的执行计划和监督机制，确保各项措施得到落实。

风险管理的持续性与动态性：风险管理是一个持续的过程，企业应定期评估风险管理效果，及时调整和优化风险管理策略。

（七）总结与展望

风险管理对于物流服务企业营销管理至关重要。通过建立完善的风险管理流程、运用科学的风险识别与评估方法及制定有效的风险应对策略，企业可以更好地应对市场变化和挑战，保障营销活动的顺利进行和企业的稳定发展。未来，随着市场环境的不断变化和技术的持续发展，物流服务企业营销管理的风险管理将面临新的挑战和机遇。因此，企业应保持对风险管理的持续关注和创新，不断提升风险管理能力，为企业的长期发展提供有力保障。

二、物流服务企业营销管理的决策流程

（一）概述

物流服务企业在日益激烈的市场竞争中，营销管理的决策流程显得尤为重要。一个科学、高效的决策流程不仅能够帮助企业准确识别市场机会，制定有效的营销策略，还能够提高企业的响应速度和创新能力。本部分内容将深入探讨物流服务企业营销管理的决策流程，包括决策前的准备、决策过程、决策实施、决策评估与调整及决策流程中的挑战与对策。

（二）决策前的准备

市场调研与分析：收集和分析市场数据，了解行业趋势、竞争对手、客户需求等信息，为决策提供数据支持。

目标设定：明确营销目标，如销售额、市场份额、客户满意度等，确保决策方向与目标保持一致。

资源评估：评估企业的内部资源，如人力、物力、财力等，确保决策的可行性和实施效果。

（三）决策过程

策略制定：基于市场调研和目标设定，制定具体的营销策略，如产品定位、促销方式、渠道选择等。

方案评估：对制定的策略方案进行评估，包括成本效益分析、风险评估等，确保方案的科学性和合理性。

决策选择：根据方案评估结果，选择合适的策略方案作为决策结果。

（四）决策实施

计划制订：将决策结果转化为具体的实施计划，包括时间表、责任人、资源分配等。

执行与控制：按照计划执行，同时建立有效的监控机制，确保实施过程的顺利进行。

沟通协调：加强内部和外部的沟通协调，确保各方对决策的理解和执行的一致性。

（五）决策评估与调整

效果评估：收集和分析实施后的数据，评估决策的实际效果，如销售额、市场份额等。

反馈收集：收集客户、员工、合作伙伴等利益相关方的反馈意见，了解决策的影响力和被接受度。

决策调整：根据评估结果和反馈意见，对决策进行必要的调整和优化，确保决策的持

续有效性和适应性。

（六）决策流程中的挑战与对策

信息不对称：为应对信息不对称问题，企业应建立完善的信息收集和分析体系，确保决策的准确性和有效性。

决策时滞：为提高决策速度，企业可以引入先进的决策工具和方法，如数据分析、人工智能等，提高决策效率和准确性。

风险不确定性：为降低风险不确定性，企业应加强风险评估和管理，制定风险应对策略，确保决策的稳健性和可持续性。

（七）总结

物流服务企业营销管理的决策流程是一个系统、复杂的过程，需要企业全面考虑市场环境、内部资源、目标设定等因素。通过明确决策前的准备、决策过程、决策实施及决策评估与调整等关键环节，企业可以科学、高效地制定和执行营销策略，提高市场竞争力。

三、物流服务企业营销管理的评价标准

（一）概述

在物流服务企业中，营销管理的效果直接影响着企业的市场份额、客户满意度和盈利能力。因此，建立科学、合理的营销管理评价标准至关重要。这些标准不仅有助于企业自我评估和提升营销管理水平，还能为外部投资者和利益相关者提供决策依据。本部分内容将深入探讨物流服务企业营销管理的评价标准，包括客户满意度、市场份额、盈利能力、品牌形象等方面。

（二）客户满意度

客户满意度是衡量物流服务企业营销管理效果的核心指标之一。客户满意度的提高有助于增加客户黏性、促进口碑传播和降低营销成本。评价客户满意度时，可以通过问卷调查、客户回访、在线评价等方式收集数据，并关注以下几个方面：

服务质量：评价物流服务企业提供的服务是否满足客户的期望和需求，包括货物运输速度、准确性、安全性等方面。

服务态度：评估企业员工的服务态度是否友好、专业，能否给客户留下良好的印象。

问题解决能力：考察企业在面对客户问题和投诉时的应对能力和解决方案的有效性。

（三）市场份额

市场份额是衡量企业市场竞争力和营销管理效果的重要指标。通过对比企业在目标市场的份额变化，可以评估营销管理的成效。评价市场份额时，可以关注以下几个方面：

绝对市场份额：考察企业在目标市场中的绝对市场份额，即企业在市场中的排名和占比。

相对市场份额：分析企业与竞争对手的相对市场份额，了解企业在市场中的竞争地位。

市场份额增长率：评估企业市场份额的增长趋势，以预测未来的市场表现。

（四）盈利能力

盈利能力是企业营销管理的最终目标之一。通过评价企业的盈利能力，可以了解营销

管理的投入产出比和经济效益。评价盈利能力时，可以关注以下几个方面：

营业收入：考察企业营销活动带来的营业收入规模和增长趋势。

成本控制：评估企业在营销过程中的成本控制能力和效率。

利润率：分析企业的利润率水平，了解企业在营销活动中的盈利空间。

（五）品牌形象

品牌形象是企业营销管理的重要组成部分，良好的品牌形象有助于提升客户忠诚度和市场竞争力。评价品牌形象时，可以关注以下几个方面：

品牌知名度：评估企业品牌在目标市场中的知名度水平和传播效果。

品牌美誉度：评价企业品牌在客户心目中的美誉度和口碑评价。

品牌忠诚度：考察客户对企业品牌的忠诚度和重复购买意愿。

（六）评价标准的应用与优化

在应用这些评价标准时，企业应结合实际情况和市场环境，制定合理的指标体系和权重分配。同时，企业还应定期评估和改进评价标准，以适应市场变化和客户需求。通过不断完善和优化评价标准，企业可以不断提升营销管理水平，实现可持续发展。

（七）总结与展望

物流服务企业营销管理的评价标准是一套综合、系统的框架，包括客户满意度、市场份额、盈利能力和品牌形象等方面。这些标准不仅有助于企业自我评估和提升营销管理水平，还能为外部投资者和利益相关者提供决策依据。未来，随着市场环境的不断变化和技术的持续发展，物流服务企业营销管理的评价标准将面临新的挑战和机遇。因此，企业应保持对评价标准的持续关注和创新，不断提升评价体系的科学性和有效性，为企业的长期发展提供有力保障。

四、物流服务企业营销管理的培训与发展

（一）概述

在物流服务企业中，营销管理的培训与发展是提升团队能力、增强企业竞争力的关键。随着市场的不断变化和技术的快速发展，企业需要不断培养和发展具备专业技能和战略眼光的营销管理人才。本部分内容将深入探讨物流服务企业营销管理的培训与发展，包括培训需求分析、培训内容与方法、培训效果评估及人才发展路径等方面。

（二）培训需求分析

市场趋势分析：分析当前物流行业的发展趋势、市场竞争状况及客户需求变化，确定培训需求的方向和重点。

员工能力评估：通过评估现有营销团队成员的技能水平、经验背景和绩效表现，识别培训需求和提升空间。

组织战略目标对接：将培训需求与企业的战略目标相结合，确保培训工作能够支持企业实现长期发展目标。

（三）培训内容与方法

基础知识培训：涵盖市场营销基本原理、物流行业知识、客户关系管理等方面的基础

知识，为团队成员打下坚实的理论基础。

专业技能培训：针对营销团队成员在市场调研、客户开发、销售谈判、数据分析等方面的专业技能进行培训，提升团队成员的实践操作能力。

领导力与团队管理培训：培养团队成员的领导力和团队合作能力，提升团队整体效能和凝聚力。

培训方法：采用线上与线下相结合的培训方式，包括讲座、案例分析、实战模拟、小组讨论等形式，以增强培训效果。

（四）培训效果评估

培训过程中的评估：通过课堂互动、小组讨论、作业完成等方式，及时了解学员的学习情况和反馈意见，以便调整培训内容和方法。

培训后的考核：设置合理的考核标准，对学员的学习成果进行评估，确保培训效果符合预期。

长期跟踪与反馈：对培训后的学员进行跟踪观察，收集其在实际工作中的表现和数据，评估培训效果对企业业绩的影响，以便不断完善培训与发展体系。

（五）人才发展路径

明确晋升通道：建立清晰的晋升通道和职业发展路径，为营销团队成员提供明确的职业发展规划和目标。

提供发展机会：通过内部岗位轮换、跨部门合作、参与重大项目等方式，为团队成员提供丰富的发展机会和实践经验。

鼓励自主学习：鼓励团队成员自主学习和持续学习，提供学习资源和支持，帮助团队成员不断提升自身能力。

（六）面临的挑战与对策

培训资源投入不足：企业应加大对培训工作的投入力度，确保培训资源的充足性和有效性。

培训内容与实际需求脱节：加强与市场部门、业务部门等相关部门的沟通与协作，确保培训内容与实际需求紧密相连。

培训效果难以评估：建立完善的培训效果评估体系和方法论，确保培训效果能够得到有效衡量和评估。

（七）总结与展望

物流服务企业营销管理的培训与发展是企业持续发展的重要保障。通过深入分析培训需求、制定科学的培训内容与方法、评估培训效果及规划人才发展路径等措施，企业可以不断提升营销团队的专业素养和综合能力，为企业的发展提供有力支持。未来，随着市场的不断变化和技术的持续发展，物流服务企业营销管理的培训与发展将面临新的挑战和机遇。因此，企业应保持对培训与发展工作的持续关注和创新，不断提升培训体系的科学性和有效性，为企业的长期发展奠定坚实基础。

五、物流服务企业营销管理的国际化趋势

（一）概述

随着全球化进程的加速，物流服务企业面临着日益激烈的国际竞争。为了提升市场份额、增强企业竞争力，许多物流服务企业开始将目光投向国际市场，探索营销管理的国际化趋势。本部分内容将深入探讨物流服务企业营销管理的国际化趋势，包括国际市场分析、国际化战略、跨文化管理及国际化过程中的挑战与对策等方面，旨在为企业提供一套系统、实用的国际化营销管理框架。

（二）国际市场分析

市场规模与增长潜力：分析国际物流市场的规模、增长速度和潜在机遇，为企业制定国际化战略提供依据。

竞争格局与优势：研究国际市场上的主要竞争对手、市场份额分布及竞争优势，为企业制定差异化战略提供参考。

政策法规与风险：了解目标市场的政策法规、贸易壁垒及潜在风险，确保企业在国际化过程中合规经营。

（三）国际化战略

市场进入策略：根据目标市场的特点和企业自身实力，选择合适的市场进入策略，如直接投资、合作经营等。

产品与服务创新：针对国际市场需求，进行产品和服务创新，提升企业在国际市场上的竞争力。

品牌国际化：通过品牌宣传、广告投放等方式提升品牌在国际市场上的知名度和美誉度。

（四）跨文化管理

文化差异识别：识别不同国家和地区之间的文化差异，包括语言、价值观、习俗等，为跨文化管理打下基础。

跨文化团队建设：培养具备跨文化沟通能力的团队，提高团队在国际市场上的适应性和协作能力。

文化融合策略：制定文化融合策略，实现不同文化背景的员工之间的和谐共处和共同发展。

（五）国际化过程中的挑战与对策

语言沟通障碍：加强语言培训和文化交流，提高员工在国际市场上的语言沟通能力和跨文化理解能力。

法律法规差异：深入研究目标市场的法律法规，确保企业在国际化过程中遵守当地法律法规，避免法律风险。

汇率与风险管理：关注汇率波动和国际政治经济环境变化对企业的影响，建立有效的风险管理机制。

（六）案例分析与启示

通过分析成功的物流服务企业国际化案例，总结其成功经验和教训，为其他企业提供

借鉴和启示。

（七）总结与展望

物流服务企业营销管理的国际化趋势是不可避免的。企业需要深入分析国际市场环境、制定科学的国际化战略、加强跨文化管理并应对各种挑战。通过不断学习和创新，物流服务企业可以抓住国际化带来的机遇，实现企业的可持续发展。未来，随着技术的不断进步和全球市场的进一步开放，物流服务企业营销管理的国际化趋势将更加明显。企业需要紧跟时代步伐，不断完善国际化营销管理框架，以适应不断变化的市场环境。

第二章

物流服务企业营销面临的困境

第一节　物流服务企业营销的挑战与机遇

一、物流服务企业营销面临的挑战

(一) 概述

随着全球化和电子商务的快速发展，物流服务企业面临着前所未有的市场竞争和变革压力。为了在激烈的竞争中脱颖而出，物流服务企业需要深入了解并应对当前营销面临的挑战。本部分内容将详细分析物流服务企业在营销过程中面临的主要挑战，并提出相应的应对策略，以期为企业的可持续发展提供参考。

(二) 市场需求多样化

随着消费者需求的日益多样化，物流服务企业需要满足不同类型客户的需求，包括时效性、安全性、个性化服务等。这种需求多样化给企业的营销策略带来了极大的挑战。为了应对这一挑战，企业需要细分市场，了解不同客户的需求特点，并提供有针对性的解决方案。例如，对于追求时效性的客户，企业可以提供快速配送服务；对于注重安全性的客户，企业可以加强货物追踪和保险服务。

(三) 技术变革与创新

随着物联网、大数据、人工智能等技术的快速发展，物流服务企业需要不断创新，以适应技术变革的趋势。这些新技术为企业的营销提供了更多的可能性，但同时带来了挑战。企业需要关注技术发展趋势，积极引入新技术提升服务质量和效率。例如，利用大数据分析客户需求和行为模式，以便更精准地进行市场定位和营销策略制定；利用物联网技术实现货物实时追踪和信息共享，提升客户体验。

(四) 成本压力与价格竞争

物流服务企业在运营过程中面临着成本压力和价格竞争的挑战。随着市场竞争的加剧，企业需要在保证服务质量的前提下降低成本，以提供更具竞争力的价格。为了应对这一挑战，企业可以通过优化运输路线、提高装载率、降低库存成本等方式来降低成本。同时，企业还可以通过提供增值服务、提升品牌形象等方式来提高产品附加值，从而增加客户的黏性和满意度。

（五）人才短缺与培训

物流服务企业在快速发展过程中面临着人才短缺的挑战。随着企业规模的扩大和业务的拓展，企业需要更多的专业人才来支撑营销工作的开展。为了应对这一挑战，企业可以通过加强内部培训、引进外部人才等方式来提升团队的专业素质和能力。此外，企业还需要关注员工的职业发展和福利待遇，以激发员工的工作积极性和创造力。

（六）环保与可持续发展

随着环保意识的日益增强，物流服务企业需要关注环保和可持续发展问题。在营销过程中，企业需要积极宣传环保理念和服务优势，以吸引更多关注环保的客户。同时，企业还需要采取实际措施降低碳排放、减少资源浪费等，以实现绿色物流的目标。这不仅可以提升企业的社会形象和市场竞争力，还有助于推动整个行业的可持续发展。

（七）总结与展望

物流服务企业在营销过程中面临着诸多挑战，包括市场需求多样化、技术变革与创新、成本压力与价格竞争、人才短缺与培训及环保与可持续发展等。为了应对这些挑战，企业需要深入研究市场需求，创新技术应用，优化成本结构，加强人才培训和引进及关注环保和可持续发展等方面。未来，随着市场竞争的进一步加剧和技术的不断进步，物流服务企业需要不断提升自身的营销能力和竞争优势，以适应不断变化的市场环境。

二、物流服务企业营销面临的机遇

（一）概述

随着全球化和电子商务的迅速发展，物流服务企业在全球市场中扮演着越来越重要的角色。物流服务企业不仅需要提供高效、可靠的物流服务，还需要通过有效的营销策略来吸引和保留客户。当前，物流服务企业面临着许多机遇。这些机遇既来自外部环境的变化，也来自企业内部能力的提升。

（二）外部环境变化带来的机遇

1. 电子商务的快速发展

电子商务的迅速崛起为物流服务企业带来了巨大的机遇。随着网络购物的普及，消费者对物流服务的需求不断增加。物流服务企业需要抓住这一机遇，提供快速、准确的配送服务，以满足消费者的需求。

2. 全球化趋势的加强

全球化趋势的加强使得跨国贸易变得更加频繁。物流服务企业需要具备全球化的视野和能力，为跨国企业提供国际物流服务。通过提供个性化的物流解决方案和优质的客户服务，物流服务企业可以在全球市场中获得竞争优势。

3. 供应链管理的优化

随着供应链管理理念的普及和应用，越来越多的企业开始重视供应链管理。物流服务企业需要与供应链中的其他企业紧密合作，共同优化供应链管理流程。通过提供一体化的物流服务，物流服务企业可以帮助企业降低物流成本、提高物流效率并增强供应链韧性。

（三）企业内部能力提升带来的机遇

1. 创新技术的应用

随着物联网、大数据、人工智能等技术的不断发展，物流服务企业需要积极应用这些技术来提升服务质量和效率。例如，通过物联网技术可以实时监控货物的运输状态；通过大数据技术可以预测货物需求和运输路线；通过人工智能技术可以优化调度和配送计划。这些创新技术的应用可以帮助物流服务企业更好地满足客户需求并提供更优质的服务。

2. 客户服务水平的提升

优质的客户服务是吸引和保留客户的关键。物流服务企业需要关注客户需求并提供个性化的服务方案。通过提供 24 小时在线客服、定制化配送服务、货物追踪查询等服务举措可以提升客户满意度和忠诚度。同时，物流服务企业还需要建立完善的客户反馈机制，以持续改进服务质量。

3. 绿色物流的发展

随着环保意识的提高，越来越多的企业开始关注绿色物流的发展。物流服务企业需要积极响应环保政策并推动绿色物流的实践。例如，通过采用环保包装材料、优化运输路线、推广新能源车辆等措施可以降低物流活动对环境的影响。这不仅有助于提升企业形象和品牌价值，还可以为企业带来可持续发展。

（四）总结与展望

综上所述，物流服务企业在面临许多机遇的同时，也面临着挑战。为了抓住机遇并应对挑战，物流服务企业需要不断提升自身能力和服务质量。通过关注外部环境变化、加强内部能力建设及积极应用新技术等手段，物流服务企业可以在激烈的市场竞争中脱颖而出并实现持续发展。

由于篇幅限制，本部分内容仅对物流服务企业营销面临的机遇进行了简要分析。未来可以进一步探讨具体的营销策略和实施方案及如何应对潜在的风险和挑战等问题。希望本部分内容能为物流服务企业在营销方面提供一些有益的启示和思考方向。

三、物流服务企业营销面临的问题

（一）概述

随着市场竞争的日益激烈，物流服务企业在营销过程中面临着一系列问题。这些问题不仅来自外部环境的变化，如客户需求多样化、技术更新换代迅速等，还来自企业内部管理和运营的不足，如服务质量不稳定、营销策略落后等。为了应对这些挑战，物流服务企业需要深入分析营销面临的问题，并采取相应的解决策略。

（二）外部环境变化带来的问题

1. 客户需求多样化

随着市场的不断发展，客户对物流服务的需求呈现多样化、个性化的特点。然而，一些物流服务企业仍然采用传统的、标准化的服务模式，难以满足客户的个性化需求。这导致客户流失率较高，企业难以在竞争激烈的市场中立足。

2. 技术更新换代迅速

物流技术的不断创新为物流服务企业带来了巨大的发展机遇，但同时带来了技术更新换代迅速的问题。一些企业由于资金、技术等方面的限制，难以跟上技术发展的步伐，导致服务质量和效率低下，无法满足客户的需求。

3. 市场竞争加剧

随着物流市场的不断扩大，越来越多的企业涌入物流服务行业，市场竞争愈发激烈。一些物流服务企业在市场竞争中缺乏核心竞争力，难以脱颖而出。同时，价格战等不正当竞争手段也使得市场环境恶化，企业的利润空间受到挤压。

（三）企业内部管理和运营不足带来的问题

1. 服务质量不稳定

服务质量是物流服务企业的核心竞争力之一。然而，一些企业在服务过程中存在服务质量不稳定的问题，如配送延误、货物损坏等。这些问题不仅影响客户满意度和忠诚度，还可能给企业带来声誉损失和法律风险。

2. 营销策略落后

有效的营销策略是提升物流服务企业知名度和吸引客户的关键。然而，一些企业仍然采用传统的营销手段，如广告投放、促销活动等，而忽视了数字化营销、社交媒体营销等新兴营销手段的运用。这导致企业的营销效果有限，难以在竞争激烈的市场中脱颖而出。

3. 内部管理不规范

内部管理不规范是物流服务企业普遍存在的问题之一。一些企业在人员培训、流程管理、质量控制等方面存在不足，导致工作效率低下、服务质量参差不齐。这些问题不仅影响企业的运营效率，还可能引发客户的不满和投诉。

（四）解决策略与建议

针对以上问题，物流服务企业可以采取以下解决策略与建议：

1. 加强客户需求分析

物流服务企业应深入了解客户的需求和期望，通过市场调研、客户访谈等方式收集客户反馈，并根据客户需求调整服务模式。同时，企业可以开展定制化服务，满足客户的个性化需求，提升客户满意度和忠诚度。

2. 加大技术投入与创新

物流服务企业应加大技术投入，引进先进的物流技术和设备，提高服务质量和效率。同时，企业应注重技术创新和研发，不断推出符合市场需求的新产品和服务，增强核心竞争力。

3. 优化营销策略与手段

物流服务企业应更新营销观念，积极运用数字化营销、社交媒体营销等新兴营销手段，提升品牌知名度和影响力。同时，企业可以开展合作营销、内容营销等多元化的营销活动，吸引潜在客户并提升客户黏性。

4. 加强内部管理与培训

物流服务企业应建立完善的内部管理体系和流程规范，确保服务质量和效率的稳定。同时，企业应加强员工培训和管理，增强员工的专业素质和服务意识，打造一支高效、专业的团队。

（五）总结

综上所述，物流服务企业在营销过程中面临着诸多问题和挑战。为了应对这些问题和挑战，企业需要深入分析原因并采取相应的解决策略。通过加强客户需求分析、加大技术投入与创新、优化营销策略与手段及加强内部管理与培训等措施，物流服务企业可以不断提升自身竞争力和市场地位，实现可持续发展。

四、物流服务企业营销困境的案例分析

（一）概述

物流服务企业在市场竞争中常常面临各种营销困境，这些困境可能源自内部管理问题、外部环境变化或市场策略不当等因素。通过对具体案例的分析，我们可以深入了解这些困境的本质和影响，从而为物流服务企业在实践中提供有益的参考和启示。

（二）案例选择与背景介绍

为了深入剖析物流服务企业的营销困境，本部分内容选择了"××物流公司"作为案例研究对象。该公司拥有多年的物流服务经验，业务范围涵盖全国多个城市。然而，近年来，随着市场竞争的加剧和客户需求的变化，该公司面临着一系列营销困境，导致其市场份额逐渐下滑。

（三）营销困境的具体表现

1. 客户服务质量下降

随着公司规模的扩大和业务量的增加，××物流公司在客户服务方面出现了明显的短板。配送延误、货物损坏等问题时有发生，客户投诉率不断上升。这些问题严重影响了客户满意度和忠诚度，导致客户流失严重。

2. 营销策略缺乏创新

××物流公司在营销策略上过于依赖传统的广告和促销活动，缺乏对新兴营销手段的运用。随着数字化时代的到来，客户对信息获取和沟通方式的需求发生了变化，而该公司未能及时跟上这一趋势，导致营销效果不佳。

3. 内部管理混乱

××物流公司在内部管理方面存在诸多问题，如流程不规范、沟通不畅、员工培训等。这些问题导致了工作效率低下和服务质量的不稳定，严重影响了公司的竞争力。

（四）困境成因分析

1. 忽视客户需求变化

随着市场的不断发展，客户对物流服务的需求也在不断变化。××物流公司未能及时关注并适应这些变化，导致服务与客户期望之间存在较大差距。

2. 缺乏技术投入与创新意识

在数字化时代，物流技术的创新对于提升服务质量和效率至关重要。然而，××物流公司在技术创新方面投入不足，缺乏创新意识，导致公司在竞争中处于劣势地位。

3. 内部管理体系不完善

内部管理体系的完善对于提升物流服务企业的整体竞争力具有重要意义。然而，××

物流公司在内部管理方面存在诸多漏洞和不足，导致公司运营效率低下和服务质量不稳定。

（五）解决方案与启示

针对××物流公司面临的营销困境，可以采取以下解决方案：

1. 加强客户需求分析，提升服务质量

通过深入了解客户需求和期望，××物流公司可以调整服务模式，提升服务质量。例如，优化配送流程、加强员工培训、提高货物安全性等，以满足客户的个性化需求。

2. 创新营销策略，运用新兴营销手段

××物流公司应更新营销观念，积极运用数字化营销、社交媒体营销等新兴营销手段，提升品牌知名度和影响力。同时，物注公司应开展多元化的营销活动，吸引潜在客户并提升客户黏性。

3. 完善内部管理体系，提高运营效率

××物流公司应建立完善的内部管理体系和流程规范，确保服务质量和效率的稳定。加强员工培训和管理，增强员工的专业素质和服务意识，打造一支高效、专业的团队。

通过对××物流公司案例的分析，我们可以得出以下启示：

物流服务企业应密切关注客户需求变化，及时调整服务模式和策略，以满足客户的个性化需求。

技术创新对于提升物流服务企业的竞争力具有重要意义。企业应加大技术投入和创新力度，运用先进技术和设备提升服务质量和效率。

内部管理体系的完善对于提升整体竞争力至关重要。物流服务企业应建立完善的内部管理体系和流程规范，加强员工培训和管理，提高运营效率和服务质量。

（六）总结

通过对"××物流公司"案例的分析，我们深入了解了物流服务企业在营销过程中可能面临的困境及其成因。为了应对这些困境，企业需要关注客户需求变化、加大技术投入与创新、完善内部管理体系等方面的工作。希望这些分析和建议能为其他物流服务企业在实践中提供有益的参考和启示。

五、物流服务企业营销困境的应对策略

（一）概述

随着全球化和电子商务的迅速发展，物流服务企业在市场竞争中面临着前所未有的挑战。营销困境是这些挑战中尤为突出的一环，涉及客户需求变化、技术更新迭代、市场竞争加剧等方面。为了有效应对这些困境，物流服务企业需要制定并实施一系列应对策略，以提升营销效果和市场竞争力。

（二）深入理解营销困境

物流服务企业在营销过程中可能遭遇的困境包括但不限于客户需求多样化导致服务难以满足、技术更新换代迅速使企业面临技术落后风险、市场竞争加剧导致市场份额下降等。这些困境要求企业具备敏锐的市场洞察力和灵活应变能力。

（三）应对策略与建议

针对上述营销困境，物流服务企业可以采取以下应对策略：

1. 加强市场调研与客户需求分析

深入了解客户需求和市场趋势是制定有效营销策略的基础。物流服务企业应通过市场调研、客户访谈等方式收集信息，分析客户需求的变化和趋势，以便及时调整服务模式和策略。

2. 创新营销手段与拓展营销渠道

在数字化时代，物流服务企业应积极运用新兴营销手段，如社交媒体营销、内容营销、搜索引擎优化等，提升品牌知名度和影响力。同时，物流服务企业应拓展多元化的营销渠道，如线上平台、合作伙伴等，以覆盖更广泛的潜在客户群体。

3. 加大技术投入与创新

技术是推动物流服务业发展的关键因素。企业应加大技术投入，引进先进的物流技术和设备，提高服务质量和效率。同时，企业应注重技术创新和研发，开发符合市场需求的新产品和服务，以增强核心竞争力。

4. 优化服务流程与提升服务质量

服务质量和效率是吸引和保留客户的关键。物流服务企业应优化服务流程，提高配送速度、减少货物损坏率等，以提升客户满意度和忠诚度。此外，建立完善的客户服务体系，提供个性化、专业化的服务，以满足客户的多样化需求。

5. 加强品牌建设与形象塑造

品牌是企业的重要资产。物流服务企业应注重品牌建设和形象塑造，通过统一的品牌标识、口碑传播等方式提升品牌知名度和美誉度。同时，物流服务企业应积极参与社会公益活动、承担社会责任等，塑造良好的企业形象，赢得客户的信任和支持。

6. 建立稳定的合作伙伴关系

稳定的合作伙伴关系可以为物流服务企业提供更多的业务机会和市场资源。企业应积极与上下游企业、电商平台等建立合作关系，实现资源共享和互利共赢。通过合作伙伴的推荐和介绍，可以扩大企业的客户基础和市场份额。

7. 强化内部管理与培训

内部管理是提升物流服务企业整体竞争力的关键。企业应建立完善的内部管理体系和流程规范，确保服务质量和效率的稳定。同时，企业应加强员工培训和管理，增强员工的专业素质和服务意识，打造一支高效、专业的团队。

（四）实施与监控

制定应对策略只是第一步，关键在于有效实施和持续监控。物流服务企业应建立专门的营销团队或部门，负责策略的执行和效果评估。通过定期的市场分析、客户反馈收集等方式，了解策略的实际效果，并根据市场变化及时调整和优化策略。

（五）总结

营销困境是物流服务企业在发展过程中必须面对的挑战。通过深入理解困境成因、制定并实施有效的应对策略、加强内部管理与培训及持续监控和评估效果等方式，企业可以逐步走出困境、提升市场竞争力并实现可持续发展。在这个过程中，企业需要保持敏锐的市场洞察力和灵活应变能力，不断创新和进取。

第二节　物流服务企业营销困境的应对策略

一、物流服务企业营销困境中的市场定位

（一）概述

在当今高度竞争和快速变化的商业环境中，物流服务企业面临着前所未有的挑战。为了有效应对这些挑战，并实现可持续发展，明确和准确的市场定位变得至关重要。市场定位不仅有助于企业识别并满足目标客户群体的需求，还能够提升企业的品牌形象和市场份额。因此，本部分内容将深入探讨物流服务企业在营销困境中如何进行市场定位，以期为相关企业提供有益的启示和借鉴。

（二）市场定位的内涵与重要性

市场定位是指企业根据自身资源和能力，在目标市场中选择并确定自己的产品或服务的位置，以满足特定客户群体的需求。对于物流服务企业而言，市场定位不仅关乎企业的生存和发展，更是其应对营销困境、提升竞争力的关键。通过明确的市场定位，企业可以精准地了解目标客户群体的需求和期望，从而制定有效的营销策略和方案。

（三）物流服务企业营销困境中的市场定位挑战

在营销困境中，物流服务企业在市场定位方面面临着诸多挑战。首先，随着市场竞争的加剧和客户需求的多样化，企业需要精准地识别并满足目标客户的需求。然而，由于资源有限和信息不对称等，企业往往难以准确把握市场趋势和客户需求变化。其次，技术更新换代迅速和新兴业态不断涌现使得物流服务企业需要不断创新和升级自身服务。然而，在市场定位过程中，企业往往难以准确判断新兴市场的潜力和风险，导致市场定位不准确或滞后。最后，物流服务企业在面临成本压力和价格竞争时，需要在保证服务质量的同时寻求差异化竞争优势。然而，在实际操作中，企业往往难以在成本和服务质量之间找到平衡点。

（四）市场定位策略和措施

针对上述挑战，物流服务企业可以采取以下市场定位策略和措施：

1. 深入分析目标客户需求和期望

通过市场调研、客户访谈等方式深入了解目标客户的需求和期望，是制定有效市场定位策略的基础。企业可以运用数据分析工具对客户需求进行挖掘和分析，以发现潜在的市场机会和竞争优势。同时，通过关注客户的声音和反馈，企业可以及时调整和优化服务方案，提升客户满意度和忠诚度。

2. 聚焦细分市场或特定客户群体

在竞争激烈的市场环境中，物流服务企业可以选择聚焦细分市场或特定客户群体，以形成差异化竞争优势。例如，企业可以针对某一行业或领域的客户群体提供专业化的物流服务解决方案，或者针对特定区域或渠道的客户群体提供定制化的配送服务。通过聚焦特

定客户群体，企业可以精准地满足客户需求，提升市场份额和品牌影响力。

3. 强化品牌建设与形象塑造

品牌建设是市场定位的重要组成部分。物流服务企业应注重品牌形象的塑造和传播，通过统一的品牌标识、口碑传播等方式提升品牌知名度和美誉度。同时，通过提供优质的物流服务体验和个性化的客户服务方案，企业可以树立良好的企业形象和口碑效应，增强客户黏性和忠诚度。

4. 创新服务模式与提升服务质量

创新是市场定位的关键驱动力。物流服务企业应注重服务模式的创新和服务质量的提升，以满足客户不断变化的需求。例如，企业可以引入先进的物流技术和设备，提高配送速度和准确性，或者通过开发智能物流平台、优化供应链管理等方式提升服务效率和质量。通过创新服务模式和提升服务质量，企业可以在市场中形成独特的竞争优势并吸引更多客户。

5. 建立合作伙伴关系与拓展营销渠道

建立稳定的合作伙伴关系对于物流服务企业的市场定位至关重要。企业可以与上下游企业、电商平台等建立合作关系，实现资源共享和互利共赢。通过合作伙伴的推荐和介绍，企业可以扩大客户基础和提升市场份额。同时，拓展多元化的营销渠道也是提升市场定位效果的重要途径。企业可以利用社交媒体、线上平台等渠道进行宣传推广和品牌建设，或者通过参加行业展会、举办客户活动等方式加强与目标客户的互动和沟通。

（五）总结与展望

市场定位是物流服务企业在营销困境中寻求突破和发展的关键。通过深入分析目标客户需求和期望、聚焦细分市场或特定客户群体、强化品牌建设与形象塑造、创新服务模式与提升服务质量及建立合作伙伴关系与拓展营销渠道等策略和措施，企业可以精准地确定自身在市场中的位置并提升竞争力。未来随着市场环境的不断变化和客户需求的持续升级，物流服务企业需要不断调整和优化市场定位策略，以适应新的挑战和机遇。同时，企业还应关注新兴技术和发展趋势对市场定位的影响并积极探索创新的市场定位模式和方法。

在实际操作中，物流服务企业可能还需要结合自身特点和行业背景来制定具体的市场定位方案。例如，针对不同行业的客户需求提供专业化的物流解决方案，或者针对特定区域的客户群体提供定制化的配送服务等。通过不断尝试和创新，企业在市场定位方面将取得显著的成效，并为企业的可持续发展奠定坚实基础。

二、物流服务企业营销困境中的品牌建设

（一）概述

在当今的商业环境中，品牌建设对于任何企业而言都至关重要。对于物流服务企业而言，品牌建设不仅是提升企业形象和知名度的手段，更是突破营销困境、增强市场竞争力的关键。随着全球化、电子商务的迅猛发展及客户需求的多样化，物流服务企业面临着前所未有的挑战。如何在这样的背景下进行品牌建设，成为这些企业亟待解决的问题。本部分内容将深入探讨物流服务企业在营销困境中如何进行品牌建设。

（二）品牌建设的内涵与重要性

品牌建设是指企业通过一系列的市场营销活动，塑造独特的品牌形象，提升品牌知名度和美誉度，从而增强企业在市场中的竞争力。对于物流服务企业而言，品牌建设的重要性主要体现在以下几个方面：首先，品牌建设有助于提升企业的知名度和形象，吸引更多的潜在客户；其次，品牌建设可以增强客户对企业的信任和忠诚度，从而提高客户满意度和保留率；最后，品牌建设有助于形成企业的差异化竞争优势，使企业在激烈的市场竞争中脱颖而出。

（三）物流服务企业营销困境中的品牌建设挑战

在营销困境中，物流服务企业在品牌建设方面面临着诸多挑战。首先，由于物流服务行业的特殊性，企业往往难以通过传统的广告宣传手段来提升品牌知名度；其次，随着客户需求的多样化和个性化，企业需要在保证服务质量的同时，注重品牌形象的塑造和传播；最后，随着市场竞争的加剧和新兴业态的涌现，企业需要在品牌建设中不断创新和升级，以适应市场的变化和发展。

（四）品牌建设策略和措施

针对上述挑战，物流服务企业可以采取以下品牌建设策略和措施：

1. 精准定位品牌形象

在进行品牌建设之前，物流服务企业需要明确自身的品牌形象定位。这包括确定品牌的核心价值观、品牌定位、品牌形象等。通过精准定位品牌形象，企业可以使自身在市场中脱颖而出，形成独特的竞争优势。

2. 强化品牌传播与推广

品牌传播与推广是品牌建设的关键环节。物流服务企业可以通过多种渠道进行品牌传播，如线上平台、社交媒体、行业展会等。同时，企业还可以与合作伙伴、意见领袖等进行合作，共同推广品牌，提升品牌知名度和美誉度。

3. 提供优质服务体验

优质的服务体验是品牌建设的基础。物流服务企业应注重提升服务质量、提高服务效率、加强客户沟通等方面的工作，以提供满意的服务体验。通过优质的服务体验，企业可以赢得客户的信任和忠诚，进而提升品牌形象。

4. 注重品牌形象的塑造与维护

品牌形象的塑造与维护是品牌建设的重要环节。企业应建立品牌危机应对机制，及时应对品牌危机事件，维护品牌形象和声誉。

5. 不断创新与升级品牌策略

随着市场的变化和发展，物流服务企业需要不断创新与升级品牌策略。企业可以关注新兴技术、新兴业态等发展趋势，将新技术、新模式融入品牌建设中，提升品牌的竞争力和吸引力。同时，企业还应定期对品牌策略进行评估和调整，以适应市场的变化和发展。

（五）总结与展望

品牌建设是物流服务企业在营销困境中寻求突破和发展的关键。通过精准定位品牌形象、强化品牌传播与推广、提供优质服务体验、注重品牌形象的塑造与维护及不断创新与升级品牌策略等策略和措施，企业可以塑造独特的品牌形象、提升品牌知名度和美誉度、增强市场竞争力。未来随着市场环境的不断变化和客户需求的持续升级，物流服务企业需要持续关注品牌建设的发展趋势和新兴技术的影响，并不断探索创新的品牌建设模式和方法。通过不断加强品牌建设工作，物流服务企业将在市场中取得显著的竞争优势并实现可持续发展。

三、物流服务企业营销困境中的客户关系管理

（一）概述

在物流服务企业的营销活动中，客户关系管理（CRM）扮演着至关重要的角色。随着市场竞争的日益激烈和客户需求的多样化，如何建立并维护良好的客户关系成为物流服务企业突破营销困境、提升竞争力的关键。良好的客户关系不仅能够提高客户满意度和忠诚度，还能够为企业带来稳定的业务增长。因此，本部分内容将深入探讨物流服务企业在营销困境中如何进行客户关系管理。

（二）客户关系管理的内涵与重要性

客户关系管理是指企业通过一系列的策略、技术和工具，建立并维护与客户的长期良好关系。这种管理方式强调以客户为中心，通过深入了解客户需求、提供个性化服务、加强客户沟通等手段，提升客户满意度和忠诚度。对于物流服务企业而言，客户关系管理的重要性主要体现在以下几个方面：首先，通过深入了解客户需求，企业可以提供精准、高效的服务，从而赢得客户的信任和忠诚；其次，良好的客户关系可以为企业带来稳定的业务增长和口碑传播，提高企业的市场份额和竞争力；最后，通过持续改进和优化客户服务，企业可以不断提升自身的服务水平和品牌形象，实现可持续发展。

（三）物流服务企业营销困境中客户关系管理的挑战

在营销困境中，物流服务企业在客户关系管理方面面临着诸多挑战。首先，由于物流服务行业的特殊性，企业往往难以与客户建立紧密、稳定的关系；其次，随着客户需求的多样化和个性化，企业需要在保证服务质量的同时，注重客户体验和服务创新；最后，随着市场竞争的加剧和新兴业态的涌现，企业需要在客户关系管理中不断创新和升级，以适应市场的变化和发展。

（四）客户关系管理策略和措施

针对上述挑战，物流服务企业可以采取以下客户关系管理策略和措施：

1. 建立完善的客户数据库

建立完善的客户数据库是客户关系管理的基础。物流服务企业应通过收集、整理和分析客户数据，深入了解客户的需求、偏好和行为习惯。这些数据可以为企业提供宝贵的市场资料，帮助企业制定精准、个性化的服务方案。

2. 提供优质的客户服务体验

优质的客户服务体验是赢得客户信任和忠诚的关键。物流服务企业应注重提升服务质量、提高服务效率、加强客户沟通等方面的工作。例如，企业可以建立高效的客户服务团队，提供 24 小时在线客服支持；同时，通过优化配送网络、提高配送效率等方式，提升客

户的物流服务体验感。

3. 实施客户分类与差异化服务

针对不同类型的客户，物流服务企业可以实施差异化的服务策略。例如，对于高价值客户，企业可以提供专属的客户经理、定制化的服务方案等增值服务；对于普通客户，企业可以通过优化服务流程、提高服务效率等方式提升客户满意度。通过差异化服务，企业可以更好地满足客户需求，提升客户忠诚度和市场竞争力。

4. 加强客户沟通与互动

积极的客户沟通和互动有助于建立紧密的客户关系。物流服务企业应建立多渠道的客户沟通机制，如电话、邮件、社交媒体等，及时回应客户疑问、处理客户投诉。同时，企业还可以通过举办客户活动、开展市场调研等方式加强与客户的互动和交流，增进彼此的了解和信任。

5. 利用技术手段提升客户关系管理效率

随着科技的发展，越来越多的技术手段被应用于客户关系管理中。物流服务企业可以利用大数据、人工智能等先进技术对客户数据进行分析和挖掘，发现潜在的市场机会和客户需求。同时，企业还可以借助客户关系管理系统等工具，实现客户信息的集中管理、服务流程的自动化优化等功能，提升客户关系管理的效率和准确性。

（五）总结与展望

客户关系管理是物流服务企业在营销困境中寻求突破和发展的关键。通过建立完善的客户数据库、提供优质的客户服务体验、实施客户分类与差异化服务、加强客户沟通与互动及利用技术手段提升客户关系管理效率等策略和措施，企业可以建立并维护与客户的长期良好关系，提升客户满意度和忠诚度，增强市场竞争力。未来，随着市场环境的不断变化和客户需求的持续升级，物流服务企业需要持续关注客户关系管理的发展趋势和新兴技术的影响，并不断探索创新的客户关系管理模式和方法。通过不断加强客户关系管理工作，物流服务企业将在市场中取得显著的竞争优势并实现可持续发展。

四、物流服务企业营销困境中的技术创新

（一）概述

随着科技的飞速发展和市场竞争的日益激烈，技术创新成为物流服务企业突破营销困境、提升竞争力的核心驱动力。技术创新不仅能够提升企业的服务质量和效率，还能够为客户带来便捷、个性化的物流体验。因此，本部分内容将深入探讨物流服务企业在营销困境中如何通过技术创新来寻找突破口，以期为相关企业提供有益的启示和借鉴。

（二）技术创新的内涵与重要性

技术创新是指企业通过研发、引进和应用新技术、新工艺、新设备等手段，实现产品或服务的升级和改造。对于物流服务企业而言，技术创新的重要性主要体现在以下几个方面：首先，技术创新能够提升企业的服务质量和效率，降低运营成本，增强企业的市场竞争力；其次，技术创新能够为客户带来便捷、个性化的物流体验，提升客户满意度和忠诚度；最后，技术创新能够推动企业的转型升级和可持续发展，使企业在激烈的市场竞争中保持领先地位。

（三）物流服务企业营销困境中的技术创新挑战

在营销困境中，物流服务企业在技术创新方面面临着诸多挑战。首先，由于物流服务行业的特殊性，企业往往面临着技术更新换代快、投资成本高等问题；其次，随着客户需求的多样化和个性化，企业需要在技术创新中注重客户需求的满足和服务模式的创新；最后，随着市场竞争的加剧和新兴业态的涌现，企业需要在技术创新中保持敏锐的市场洞察和创新能力。

（四）技术创新策略和措施

针对上述挑战，物流服务企业可以采取以下技术创新策略和措施：

1. 加大技术研发投入

物流服务企业应加大在技术研发方面的投入，建立专门的研发团队，加强与高等学校、科研机构的合作，引进和培养高水平的技术人才。通过持续的技术研发和创新，企业可以开发出高效、智能的物流技术和服务模式，提升企业的竞争力和市场地位。

2. 引进和应用先进技术

物流服务企业应积极引进和应用国内外先进的物流技术和设备，如物联网、大数据、人工智能等。这些技术的应用可以帮助企业实现物流信息的实时共享、智能分析和预测，提高物流运作的效率和准确性。同时，企业还可以通过应用先进技术来优化服务流程、降低成本、提升服务质量，从而增强客户满意度和忠诚度。

3. 创新服务模式

面对客户需求的多样化和个性化，物流服务企业需要不断创新服务模式。例如，企业可以推出定制化、个性化的物流服务方案，满足客户的特殊需求；同时，企业还可以通过开展增值服务、提供一站式解决方案等方式，提升客户的整体满意度和忠诚度。

4. 建立技术创新机制

为了保障技术创新的持续进行，物流服务企业应建立完善的技术创新机制。这包括制定明确的技术创新目标和计划、建立技术创新激励机制、加强技术创新成果的转化和应用等。通过建立有效的技术创新机制，企业可以激发员工的创新热情、提高创新效率、推动企业的持续发展。

5. 加强与产业链上下游企业的合作

物流服务企业应与产业链上下游企业加强合作，共同推动技术创新和应用。例如，企业可以与电商平台、生产商等合作，共同研发和应用智能物流技术；同时，企业还可以与科研机构、高等学校等合作，共同推动物流技术的研发和创新。通过加强合作，企业可以共享资源、降低成本、提高创新效率，共同推动物流服务行业的转型升级和可持续发展。

（五）总结与展望

技术创新是物流服务企业在营销困境中寻求突破和发展的关键。通过加大技术研发投入、引进和应用先进技术、创新服务模式、建立技术创新机制及加强与产业链上下游企业的合作等策略和措施，企业可以不断提升自身的技术水平和创新能力，突破营销困境、增强竞争力。未来，随着科技的不断进步和市场竞争的日益激烈，物流服务企业需要持续关注技术创新的发展趋势和新兴技术的影响，并不断探索创新的技术应用模式和服务模式。通过不断加强技术创新工作，物流服务企业将在市场中取得显著的竞争优势并实现可持续发展。

五、物流服务企业营销困境中的合作与联盟

（一）概述

随着全球化和电子商务的快速发展，物流服务企业面临着前所未有的挑战和机遇。为了在激烈的市场竞争中脱颖而出，许多物流服务企业开始寻求合作与联盟，以整合资源、降低成本、提高效率并拓展市场。本部分内容将深入探讨物流服务企业在营销困境中如何通过合作与联盟来寻求突破。

（二）合作与联盟的内涵和重要性

合作与联盟是指企业之间通过共享资源、分担风险、互利共赢的方式，共同实现战略目标的过程。对于物流服务企业而言，合作与联盟的重要性主要体现在以下几个方面：首先，通过合作与联盟，企业可以整合各自的优势资源，提高服务质量和效率；其次，合作与联盟有助于企业拓展市场、增加客户群体，提高市场份额；最后，通过合作与联盟，企业可以降低成本、分担风险，增强自身的竞争力和适应能力。

（三）物流服务企业营销困境中的合作与联盟挑战

在营销困境中，物流服务企业在合作与联盟方面面临着诸多挑战。首先，由于物流服务行业的特殊性，企业之间的合作与联盟需要解决诸多复杂的问题，如信息共享、利益分配、风险承担等；其次，随着市场竞争的加剧和新兴业态的涌现，企业需要在合作与联盟中保持敏锐的市场洞察力和创新能力；最后，合作与联盟需要建立在相互信任的基础上，而这需要企业投入大量的时间和精力来建立和维护。

（四）合作与联盟策略和措施

针对上述挑战，物流服务企业可以采取以下合作与联盟策略和措施：

1. 选择合适的合作伙伴

选择合适的合作伙伴是合作与联盟成功的关键。物流服务企业应根据自身的战略目标和市场需求，选择具有互补优势、信誉良好、合作意愿强烈的企业作为合作伙伴。同时，企业还应对潜在合作伙伴进行深入调查和评估，确保其具备合作所需的能力和资源。

2. 建立明确的合作机制

为了确保合作与联盟的顺利进行，物流服务企业应建立明确的合作机制。这包括制定详细的合作协议、明确各方的权利和义务、建立利益分配和风险承担机制等。通过明确的合作机制，可以确保各方在合作过程中能够相互支持、共同进退。

3. 加强信息共享与沟通

信息共享与沟通是合作与联盟成功的关键。物流服务企业应建立有效的信息共享平台，实现各方之间的实时信息共享和沟通。通过信息共享和沟通，可以提高合作效率、减少成本浪费、降低风险并提升服务质量。

4. 开展联合营销与品牌推广

联合营销与品牌推广是合作与联盟的重要目标之一。物流服务企业应与合作伙伴共同开展联合营销活动，提升双方的品牌知名度和市场份额。通过联合营销和品牌推广，可以吸引更多的潜在客户、拓展业务领域并增强市场竞争力。

5. 持续创新与优化

合作与联盟需要不断创新和优化，以适应市场的变化和发展。物流服务企业应与合作伙伴共同探索新的服务模式、技术和解决方案，以满足客户需求的不断变化。通过持续创新和优化，可以保持合作与联盟的竞争力并推动物流服务行业的进步和发展。

（五）总结与展望

合作与联盟是物流服务企业在营销困境中寻求突破和发展的重要途径。通过选择合适的合作伙伴、建立明确的合作机制、加强信息共享与沟通、开展联合营销与品牌推广及持续创新与优化等策略和措施，企业可以整合资源、降低成本、提高效率并拓展市场。未来，随着市场竞争的日益激烈和新兴技术的不断涌现，物流服务企业需要进一步加强合作与联盟工作，探索新的合作模式和服务模式，以适应市场的变化和发展。通过不断深化合作与联盟关系，物流服务企业将在市场中取得显著的竞争优势并实现可持续发展。

第三节 物流服务企业营销困境中的改进措施

一、物流服务企业营销困境中的风险管理

（一）概述

在物流服务企业的营销过程中，风险管理是至关重要的一环。由于物流服务行业的特殊性，企业面临着多种风险，如市场风险、运营风险、技术风险、法律风险等。这些风险不仅可能影响企业的正常运营，还可能对企业的长期发展造成严重影响。因此，本部分内容将深入探讨物流服务企业在营销困境中如何进行风险管理。

（二）风险管理的内涵与重要性

风险管理是指企业识别、评估、控制和监控潜在风险的过程，旨在降低风险对企业目标实现的影响。对于物流服务企业而言，风险管理的重要性主要体现在以下几个方面：首先，风险管理有助于企业识别潜在风险，提前制定应对策略；其次，风险管理可以帮助企业合理分配资源，避免资源浪费；最后，风险管理可以增强企业的稳定性和韧性，提高企业对市场变化的适应能力。

（三）物流服务企业营销困境中的风险管理挑战

在营销困境中，物流服务企业在风险管理方面面临着诸多挑战。首先，由于物流服务行业的特殊性，企业面临着复杂多变的市场环境和客户需求，这使得风险识别变得困难；其次，随着技术的不断进步和应用，新兴风险不断涌现，如网络安全风险、数据泄露风险等；最后，物流服务企业需要遵守各种法律法规和监管要求，确保合规经营。

（四）风险管理策略和措施

针对上述挑战，物流服务企业可以采取以下风险管理策略和措施：

1. 建立完善的风险管理体系

物流服务企业应建立完善的风险管理体系，包括风险识别、评估、控制和监控等环

节。通过明确各环节的职责和流程，确保风险管理工作的有效开展。

2. 强化风险意识培训

企业应加强对员工的风险意识培训，提高员工对潜在风险的认识和应对能力。通过培训，员工能够更好地识别风险、评估风险并采取相应的防范措施。

3. 制定风险应对策略

针对不同类型的风险，物流服务企业应制定相应的应对策略。例如，对于市场风险，企业可以通过市场调研和分析来把握市场趋势，制定合理的营销策略；对于运营风险，企业可以通过优化流程、提高服务质量来降低风险；对于技术风险，企业可以通过引进先进技术、加强技术研发来应对。

4. 加强风险监控与报告

企业应建立风险监控机制，定期对各类风险进行监测和评估。同时，企业应建立风险报告制度，及时向高层管理者报告风险情况和应对措施，确保风险管理工作得到有效执行。

5. 设立风险应对基金

为了应对可能出现的重大风险事件，物流服务企业应设立风险应对基金。通过预先筹集资金，确保在风险事件发生时能够迅速采取措施，降低损失。

（五）总结与展望

风险管理是物流服务企业在营销困境中保持稳健发展的关键因素。通过建立完善的风险管理体系、强化风险意识培训、制定风险应对策略、加强风险监控与报告及建立风险应对基金等策略和措施，企业可以有效地识别、评估、控制和监控潜在风险，确保企业的稳定运营和持续发展。未来，随着市场的不断变化和新兴技术的不断涌现，物流服务企业需要持续关注风险管理的发展趋势和新兴风险的影响，并不断探索和创新风险管理的方法和手段。

二、物流服务企业营销困境中的营销策略调整

（一）概述

随着市场竞争的加剧和消费者需求的变化，物流服务企业在营销过程中常常面临各种困境。为了突破这些困境，企业需要灵活调整营销策略，以适应市场的变化和满足客户的需求。本部分内容将详细探讨物流服务企业在营销困境中如何进行营销策略调整。

（二）营销策略调整的内涵与重要性

营销策略调整是指企业在面对市场变化、竞争压力或内部资源限制时，及时对其营销策略进行重新审视和调整的过程。对于物流服务企业而言，营销策略调整的重要性主要体现在以下几个方面：首先，通过营销策略调整，企业可以更好地适应市场的变化和满足客户的需求，提高市场份额和竞争力；其次，营销策略调整有助于企业优化资源配置，提高运营效率和服务质量；最后，营销策略调整还可以为企业带来新的发展机遇。

（三）物流服务企业营销困境中营销策略调整的挑战

在营销困境中，物流服务企业在营销策略调整方面面临着诸多挑战。首先，由于物流服务行业的特殊性，企业需要面对复杂多变的市场环境和客户需求，这使得营销策略调整

变得尤为困难；其次，随着市场竞争的加剧，企业需要不断创新和优化营销策略，以吸引和留住客户；最后，营销策略调整需要投入大量的人力、物力和财力，这对企业的资源和能力提出了更高的要求。

（四）营销策略调整策略和措施

针对上述挑战，物流服务企业可以采取以下营销策略调整策略和措施：

1. 市场细分与目标市场重新定位

物流服务企业应对市场进行细分，识别不同客户群体的需求和特点。通过重新定位目标市场，企业可以精准地满足客户需求，提高市场份额。

2. 产品与服务创新

为了满足客户不断变化的需求，物流服务企业应进行产品与服务创新。例如，开发新的物流解决方案、提供个性化的增值服务等，以增强企业的竞争力。

3. 营销渠道优化与拓展

企业应优化现有的营销渠道，提高渠道效率。同时，企业应积极拓展新的营销渠道，如社交媒体、电商平台等，以扩大企业的市场覆盖面。

4. 价格策略调整

根据市场需求和竞争态势，物流服务企业应灵活调整价格策略。例如，通过折扣、优惠等活动吸引客户，提高客户满意度和忠诚度。

5. 品牌形象与文化建设

企业应注重品牌形象的塑造和文化建设。通过塑造积极的品牌形象和传播企业文化，提高企业的知名度和美誉度，增强客户对企业的信任感和归属感。

6. 客户关系管理与维护

建立良好的客户关系是营销策略调整的关键。物流服务企业应加强与客户的沟通与交流，及时了解客户需求和反馈，积极解决客户问题，提高客户满意度和忠诚度。

（五）总结与展望

营销策略调整是物流服务企业在营销困境中寻求突破的重要途径。通过市场细分与目标市场重新定位、产品与服务创新、营销渠道优化与拓展、价格策略调整、品牌形象与文化建设及客户关系管理与维护等策略和措施，企业可以灵活地应对市场变化、满足客户需求并提升竞争力。未来，随着市场竞争的进一步加剧和消费者需求的不断变化，物流服务企业需要持续关注营销策略的发展趋势和创新方向，并不断探索和实践新的营销策略和方法。通过不断调整和优化营销策略，物流服务企业将在激烈的市场竞争中脱颖而出并实现可持续发展。

三、物流服务企业营销困境中的团队建设

（一）概述

在物流服务企业的营销过程中，团队建设是至关重要的一环。一个优秀的团队能够为企业带来无尽的创新力和执行力，从而帮助企业在激烈的市场竞争中脱颖而出。然而，在实际的营销工作中，物流服务企业常常面临着团队建设的困境，如人才短缺、沟通不畅、协作不力等问题。本部分内容将深入探讨物流服务企业在营销困境中如何进行团队建设。

（二）团队建设的内涵与重要性

团队建设是指通过一系列的组织、管理、培训和激励措施，将一群个体凝聚成一个高效、创新的团队的过程。对于物流服务企业而言，团队建设的重要性主要体现在以下几个方面：首先，一个优秀的团队能够为企业带来更高的工作效率和更好的服务质量，从而提升企业的竞争力；其次，团队建设有助于培养员工的归属感和忠诚度，降低人才流失率；最后，通过团队建设，企业可以形成独特的企业文化和价值观，增强企业的凝聚力和向心力。

（三）物流服务企业营销困境中的团队建设挑战

在营销困境中，物流服务企业在团队建设方面面临着诸多挑战。首先，由于物流服务行业的特殊性，企业需要招聘具备专业技能和经验的营销人才，而这类人才往往较为稀缺；其次，随着市场的不断变化和新兴技术的不断涌现，企业需要不断提升员工的技能和知识水平，以适应市场的需求和变化；最后，由于团队成员之间的背景、经历和价值观的差异，可能会导致沟通不畅、协作不力等问题。

（四）团队建设策略和措施

针对上述挑战，物流服务企业可以采取以下团队建设策略和措施：

1. 明确团队目标与愿景

企业应明确团队的目标和愿景，使每个团队成员都清楚自己的工作方向和意义。通过共同的目标和愿景，激发团队成员的积极性和创造力，形成团队的凝聚力和向心力。

2. 选拔与培养优秀人才

企业应建立完善的人才选拔和培养机制，通过校园招聘、社会招聘等渠道吸引优秀的营销人才。同时，企业应加强员工的培训和发展，提升员工的技能和知识水平，为团队提供有力的人才支持。

3. 加强沟通与协作

企业应建立良好的沟通机制，鼓励团队成员之间的交流和合作。通过定期的团队建设活动、座谈会等方式，增进团队成员之间的了解和信任，提高团队的协作能力和执行力。

4. 建立激励机制与团队文化

企业应建立合理的激励机制，通过薪酬、晋升、奖励等方式激发团队成员的积极性和创造力。同时，企业应塑造独特的团队文化，营造积极向上的工作氛围，增强团队成员的归属感和忠诚度。

5. 持续改进与创新

企业应关注市场的变化和新兴技术的发展趋势，不断调整和优化团队结构和工作流程。同时，企业应鼓励团队成员提出创新性的想法和建议，推动团队的不断进步和发展。

（五）总结与展望

团队建设是物流服务企业在营销困境中突破困境、实现可持续发展的重要保障。通过明确团队目标与愿景、选拔与培养优秀人才、加强沟通与协作、建立激励机制与团队文化及持续改进与创新等策略和措施，企业可以打造一支高效、协作、创新的团队，为企业的长期发展提供有力支持。未来，随着市场的不断变化和新兴技术的不断涌现，物流服务企业需要持续关注团队建设的发展趋势和创新方向，并不断探索和实践新的团队建设方法和手段。

四、物流服务企业营销困境中的培训与提升

（一）概述

随着全球化和电子商务的飞速发展，物流服务企业面临着前所未有的竞争压力。在这种背景下，企业的营销能力成为决定其成功与否的关键因素之一。然而，在营销过程中，物流服务企业常常会遇到各种困境，如市场认知度不足、营销策略失效、客户服务质量不高等。为了突破这些困境，加强员工的培训与提升显得尤为重要。本部分内容将对物流服务企业营销困境中的培训与提升进行深入探讨，旨在为企业提供有针对性的解决方案。

（二）培训与提升的内涵和重要性

培训与提升是指通过一系列的教育、训练和发展活动，提高员工的技能、知识水平，从而提升其工作绩效和组织竞争力的过程。对于物流服务企业而言，培训与提升的重要性主要体现在以下几个方面：

提高员工的专业素质：通过培训与提升，员工可以掌握更多的专业知识和技能，更好地应对市场变化和客户需求。

增强团队凝聚力：共同的培训经历有助于增进员工之间的了解和信任，加强团队之间的合作和协作。

提升企业形象和竞争力：员工素质的提升将直接反映在企业的服务质量和客户满意度上，从而提升企业的市场地位和竞争力。

（三）物流服务企业营销困境中培训与提升的挑战

在营销困境中，物流服务企业在培训与提升方面面临着诸多挑战。首先，由于物流服务行业的特殊性，员工需要掌握的专业知识和技能较为广泛且需要不断更新，这使得培训内容的选择和制定变得复杂；其次，培训成本较高，企业需要平衡培训投入与产出的关系；最后，如何确保培训效果的长久性和可持续性也是企业在培训与提升过程中需要面对的问题。

（四）培训与提升策略和措施

针对上述挑战，物流服务企业可以采取以下培训与提升策略和实施措施：

1. 制订有针对性的培训计划

企业应根据员工的实际需求和市场的发展趋势，制订有针对性的培训计划。培训内容应涵盖市场营销、客户服务、物流技术等方面，确保员工能够全面掌握相关知识和技能。

2. 采用多样化的培训方式

为增强培训效果，企业应采用多样化的培训方式，如线上课程、线下培训、案例分析、角色扮演等。通过多样化的培训方式，激发员工的学习兴趣和积极性，增强培训效果。

3. 建立培训效果评估机制

企业应建立培训效果评估机制，对培训过程和结果进行定期评估。通过评估，了解员工的培训成果和存在的问题，及时调整培训计划和方法，确保培训效果的长久性和可持

续性。

4. 鼓励员工自主学习与提升

企业应鼓励员工自主学习与提升，为员工提供学习资源和平台。通过自主学习与提升，员工可以不断更新自己的知识和技能，更好地适应市场的变化和满足客户的需求。

5. 建立激励机制与职业发展路径

企业应建立激励机制与职业发展路径，对在培训与提升过程中表现优秀的员工给予奖励和晋升机会。通过激励机制与职业发展路径，激发员工的学习动力和工作热情，促进员工的个人成长和企业的发展。

（五）总结与展望

培训与提升是物流服务企业在营销困境中突破困境、实现可持续发展的重要手段。通过制订有针对性的培训计划、采用多样化的培训方式、建立培训效果评估机制、鼓励员工自主学习与提升及建立激励机制与职业发展路径等策略和实施措施，企业可以全面提升员工的专业素质和工作能力，为企业的长期发展提供有力支持。未来，随着市场的不断变化和新兴技术的不断涌现，物流服务企业需要持续关注培训与提升的发展趋势和创新方向，并不断探索和实践新的培训与提升方法和手段。

五、物流服务企业营销困境中的持续改进

（一）概述

在物流服务企业的营销过程中，持续改进是一个至关重要的环节。随着市场竞争的日益激烈和客户需求的不断变化，物流服务企业需要不断地优化和完善自身的营销策略，以适应市场的变化并满足客户的需求。然而，在营销困境中，如何实现持续改进成为物流服务企业需要面临的重要挑战。本部分内容将对物流服务企业营销困境中的持续改进进行深入探讨，旨在为企业提供有益的思路和方法。

（二）持续改进的内涵与重要性

持续改进是指企业在面对市场变化、竞争压力或内部资源限制时，通过不断地优化和创新，实现自身管理和运营水平的提升，从而保持竞争优势并实现可持续发展的过程。对于物流服务企业而言，持续改进的重要性主要体现在以下几个方面：

适应市场变化：持续改进可以帮助企业及时捕捉市场趋势和变化，调整营销策略，以更好地满足客户需求。

提升服务质量：通过持续改进，企业可以不断优化服务流程、提高服务效率和服务质量，从而增强客户满意度和忠诚度。

保持竞争优势：持续改进可以使企业在激烈的市场竞争中保持领先地位，并不断提升自身的竞争力和市场份额。

（三）物流服务企业营销困境中持续改进的挑战

在营销困境中，物流服务企业在持续改进方面面临着诸多挑战。首先，由于物流服务行业的特殊性，企业需要不断适应市场的快速变化，这对企业的反应速度和灵活性提出了更高的要求；其次，随着客户需求的不断变化和升级，企业需要不断创新和优化服务，以

满足客户的期望；最后，持续改进需要企业投入大量的人力、物力和财力，这对企业的资源和能力提出了更高的要求。

（四）持续改进策略和措施

针对上述挑战，物流服务企业可以采取以下持续改进策略和措施：

1. 建立持续改进文化

企业应树立持续改进的理念，将持续改进融入企业的核心价值观和文化中。通过营造积极的持续改进氛围，激发员工的创新意识和改进动力。

2. 制定明确的改进目标

企业应明确改进的目标和方向，确保改进工作有针对性和可衡量性。通过制订具体的改进计划和时间表，确保改进工作的有效实施。

3. 强化数据分析和市场研究

企业应加强对市场数据和客户反馈的分析和研究，以便及时发现问题和改进点。通过数据分析和市场研究，企业可以准确地把握市场需求和竞争态势，为改进工作提供有力支持。

4. 鼓励员工参与和改进建议

企业应鼓励员工积极参与改进工作，提出自己的改进建议和创新想法。通过激发员工的创造力，企业可以发现更多的改进机会和解决方案。

5. 持续改进与创新相结合

企业应将持续改进与创新相结合，通过引入新技术、新模式和新理念，推动企业的营销工作不断创新和发展。通过持续创新和改进，企业可以在市场竞争中保持领先地位并实现可持续发展。

（五）总结与展望

持续改进是物流服务企业在营销困境中突破困境、实现可持续发展的重要途径。通过建立持续改进文化、制定明确的改进目标、强化数据分析和市场研究、鼓励员工参与和改进建议及持续改进与创新相结合等策略和实施措施，企业可以不断提升自身的营销能力和服务水平，为企业的长期发展提供有力支持。未来，随着市场的不断变化和新兴技术的不断涌现，物流服务企业需要持续关注持续改进的发展趋势和创新方向，并不断探索和实践新的持续改进方法和手段。通过不断加强持续改进工作，物流服务企业将在激烈的市场竞争中保持竞争优势并实现可持续发展。

第 三 章

物流服务企业市场营销及其环境

第一节 物流服务企业市场营销概述

一、物流服务企业市场营销的概念和特点

（一）概述

在当今全球化和电子商务迅速发展的背景下，物流服务企业在市场营销方面面临着前所未有的挑战和机遇。为了在激烈的市场竞争中脱颖而出，物流服务企业需要深入了解市场营销的内涵、特点和策略，以制订有效的市场营销计划，提升企业的知名度和竞争力。本部分内容将对物流服务企业市场营销进行概述。

（二）市场营销的核心概念

市场营销是指通过一系列的市场调研、产品策划、促销推广、渠道管理等活动，以满足顾客需求为中心，实现企业营销目标的过程。市场营销的核心概念包括市场、顾客需求、产品、价格、促销和渠道等。

对于物流服务企业而言，市场营销的核心在于深入了解和分析物流服务市场的需求和趋势，根据客户需求提供高质量的物流服务，并通过有效的促销和渠道管理提升企业的知名度和竞争力。

（三）物流服务企业市场营销的特点

物流服务企业市场营销具有以下几个特点：

服务性：物流服务企业提供的是物流服务，具有无形性、不可存储性等特点。因此，在市场营销中需要特别关注服务质量的提升和客户满意度的提高。

定制化：物流服务企业需要根据客户的具体需求提供个性化的物流解决方案。在市场营销中，需要深入了解客户的需求和偏好，提供符合客户期望的物流服务。

全球性：物流服务企业通常需要在全球范围内开展业务。因此，在市场营销中需要关注国际市场的变化和趋势，制定相应的市场策略。

技术创新：随着物流技术的不断发展和创新，物流服务企业需要不断引入新技术、新设备和新模式，以提升服务效率和质量。在市场营销中，需要关注技术创新的发展趋势，

将其融入企业的产品和服务中。

（四）物流服务企业市场营销策略

针对物流服务企业的特点和市场需求，企业可以采取以下市场营销策略。

产品策略：根据客户需求和市场趋势，提供多样化、个性化的物流服务产品。同时，企业应注重服务质量的提升和客户满意度的提高，树立良好的企业形象。

价格策略：根据市场需求、成本和服务质量等因素，制定合理的价格策略。企业可以考虑采用差异化定价、竞争定价或成本加成定价等方式，以吸引客户和保持竞争力。

促销策略：通过广告宣传、网络营销、公关活动等方式，提高企业的知名度和品牌形象。同时，企业应与客户建立良好的关系，提供优质的售后服务，以增加客户的忠诚度。

渠道策略：建立广泛的销售渠道和合作伙伴网络，以便更好地覆盖目标市场。企业可以考虑与电商平台、生产商、批发商等建立合作关系，共同开拓市场。

（五）物流服务企业市场营销的挑战与对策

在市场营销过程中，物流服务企业面临着诸多挑战，如市场竞争激烈、客户需求多变、成本压力等。为了应对这些挑战，企业可以采取以下对策：

1. 加强市场调研和分析，深入了解市场需求和趋势，以便及时调整市场策略。

2. 注重技术创新和研发投入，不断提升服务效率和质量，满足客户的期望和需求。

3. 加强与客户的沟通和合作，建立良好的客户关系和信任机制，提高客户满意度和忠诚度。

4. 优化成本控制和价格策略，提高企业的盈利能力和竞争力。

（六）总结与展望

市场营销对于物流服务企业的发展至关重要。通过深入了解市场营销的核心概念、特点和策略，制订有效的市场营销计划，并不断优化和完善市场营销策略，物流服务企业可以在激烈的市场竞争中脱颖而出，实现可持续发展。未来，随着市场的不断变化和新兴技术的不断涌现，物流服务企业需要持续关注市场营销的发展趋势和创新方向，并不断探索和实践新的市场营销方法和手段。通过不断加强市场营销工作，物流服务企业将在全球范围内保持竞争优势并实现持续发展。

二、物流服务企业市场营销环境分析

（一）概述

物流服务企业在市场营销中所处的环境是复杂多变的，包括外部环境和内部环境两个方面。这些环境因素对物流服务企业的市场营销活动产生着深远的影响。因此，对物流服务企业市场营销环境进行深入分析，有助于企业更好地制定市场营销策略，应对市场变化，提升竞争力。本部分内容将对物流服务企业市场营销环境进行分析。

（二）市场营销环境概述

市场营销环境是指影响企业市场营销活动的各种外部环境和内部环境因素的总和。外部环境主要包括宏观环境和微观环境两个方面；内部环境则主要涉及企业自身的资源和能力。

对于物流服务企业而言，市场营销环境分析的重要性在于：首先，通过对市场营销环境的分析，企业可以了解市场的需求和趋势，为制定市场营销策略提供依据；其次，通过对市场营销环境的分析，企业可以识别出市场中的机遇和挑战，为企业的战略决策提供支持；最后，通过对市场营销环境的分析，企业可以评估自身的资源和能力，为优化和提升市场营销活动提供指导。

（三）外部环境分析

1. 宏观环境分析

政治法律环境：政治法律环境对物流服务企业的影响主要体现在政策法规的制定和执行上。例如，政府对物流行业的政策扶持、环保法规的加强等都会对物流服务企业的市场营销活动产生影响。

经济环境：经济环境对物流服务企业的影响主要体现在市场需求和经济增长上。例如，全球经济的增长、贸易量的增加等都会带动物流服务需求的增长。

社会文化环境：社会文化环境对物流服务企业的影响主要体现在消费者偏好和价值观上。例如，随着环保意识的提高，消费者对绿色物流的需求也在不断增加。

技术环境：技术环境对物流服务企业的影响主要体现在物流技术和创新上。例如，物联网、大数据、人工智能等技术的应用可以提升物流服务企业的服务效率和质量。

2. 微观环境分析

供应商：供应商对物流服务企业的影响主要体现在物流资源的获取和成本控制上。例如，供应商的稳定性、价格波动等都会对物流服务企业的运营和市场营销活动产生影响。

竞争者：竞争者是物流服务企业市场营销环境中不可忽视的因素。竞争者的营销策略、服务质量和价格等都会对物流服务企业的市场地位和市场份额产生影响。

顾客：顾客是物流服务企业市场营销活动的核心。顾客的需求、偏好和反馈等都会直接影响物流服务企业的市场营销策略。

公众：公众对物流服务企业的影响主要体现在企业形象和声誉上。例如，媒体报道、社会舆论等都会对物流服务企业的形象和声誉产生影响，进而影响其市场营销活动。

（四）内部环境分析

内部环境分析主要涉及物流服务企业自身的资源和能力，包括企业的物流网络、设施设备、技术水平、员工素质、财务管理等方面。这些资源和能力直接影响企业市场营销活动的执行和效果。例如，企业的物流网络覆盖范围和设施设备状况决定了企业能够提供的服务范围和质量；员工素质和技术水平则决定了企业服务的专业性和创新性；财务管理则决定了企业在市场营销活动中的资金支持和风险控制能力。

（五）环境应对策略

面对复杂多变的市场营销环境，物流服务企业需要制定相应的应对策略。首先，企业需要建立完善的市场信息系统，实时监测和分析市场环境的变化，以便及时调整市场营销策略；其次，企业需要加强内部管理和培训，提升员工素质和技术水平，以适应市场需求的变化；最后，企业需要加强与供应商、竞争者和公众的沟通和合作，建立良好的外部关系网络，为市场营销活动提供有力支持。

（六）总结与展望

物流服务企业市场营销环境分析是制定有效市场营销策略的基础。通过对宏观环境和微观环境的深入分析，企业可以更好地了解市场的需求和趋势，识别出市场中的机遇和挑战，评估自身的资源和能力，从而制定更具有针对性的市场营销策略。未来，随着市场的不断变化和新兴技术的不断涌现，物流服务企业需要持续关注市场营销环境的变化和发展趋势，不断优化和完善市场营销策略和环境应对策略，以适应市场的变化和满足客户的需求。

三、物流服务企业市场营销策略

（一）概述

物流服务企业在现代供应链中扮演着至关重要的角色，它们负责将商品从生产地运输到消费地，确保供应链的顺畅运作。然而，在激烈的市场竞争中，如何制定有效的市场营销策略，以吸引和保留客户，成为物流服务企业面临的重要挑战。本部分内容将对物流服务企业的市场营销策略进行深入探讨。

（二）市场营销策略的核心要素

市场营销策略是企业为实现营销目标而采取的一系列有计划、有组织的营销活动。其核心要素包括市场定位、产品策略、价格策略、促销策略和渠道策略。这些核心要素相互关联、相互作用，共同构成了企业的市场营销策略体系。

（三）物流服务企业的市场营销策略

1. 市场定位策略

市场定位是指企业根据自身资源和能力，选择适合自身的目标市场，并通过特定的营销手段在目标市场中塑造独特的品牌形象。对于物流服务企业而言，市场定位的关键在于明确自身的服务特点和优势，以及目标客户的需求和偏好。通过深入了解和分析目标市场的特点，物流服务企业可以制定更具有针对性的市场定位策略，从而在竞争中脱颖而出。

2. 产品策略

产品是市场营销策略的核心。对于物流服务企业而言，产品主要是指物流服务。因此，产品策略的关键在于提供高质量、高效率、高可靠性的物流服务。这包括优化物流流程、提升物流技术、加强物流信息管理等方面。通过不断改进和创新物流服务产品，物流服务企业可以满足客户的不同需求，提升客户满意度和忠诚度。

3. 价格策略

价格是影响消费者购买行为的重要因素。物流服务企业的价格策略应该根据市场需求、服务成本、竞争对手的价格水平等因素来制定。通过合理的定价策略，物流服务企业可以平衡客户需求和企业利润之间的关系，实现可持续发展。

4. 促销策略

促销策略是企业为了吸引和保留客户而采取的一系列营销行动。对于物流服务企业而言，促销策略可以包括广告宣传、优惠活动、会员制度等形式。通过有效的促销策略，物流服务企业可以提升品牌知名度、扩大市场份额、增加客户黏性。

5. 渠道策略

渠道策略是指企业选择何种渠道来向目标客户传递产品或服务。对于物流服务企业而言，渠道策略的选择应该根据目标客户的特点和需求来决定。例如，针对大型企业客户，物流服务企业可以选择建立直接的销售团队进行服务；而针对中小企业客户，则可以通过电商平台或合作伙伴来拓展销售渠道。

（四）市场营销策略的实施与优化

制定有效的市场营销策略只是第一步，如何将其付诸实践并不断优化才是关键。在实施过程中，物流服务企业需要建立健全的市场营销团队和机制，确保各项策略的有效执行。同时，企业还需要定期对市场营销策略进行评估和调整，以适应市场变化和客户需求的变化。

（五）总结与展望

市场营销策略对于物流服务企业的发展至关重要。通过制定明确的市场定位策略、优化产品策略、制定合理的价格策略、采取有效的促销策略和选择合适的渠道策略，物流服务企业可以在激烈的市场竞争中脱颖而出。未来，随着市场的不断变化和新兴技术的不断涌现，物流服务企业需要持续关注市场营销策略的发展趋势和创新方向，并不断探索和实践新的市场营销策略和方法。

四、物流服务企业市场营销的法律法规

（一）概述

物流服务企业在市场营销活动中，遵守法律法规是至关重要的。物流行业涉及的法律法规众多，包括《中华人民共和国合同法》（简称《合同法》）、《中华人民共和国道路运输条例》（简称《道路运输条例》）、《中华人民共和国反不正当竞争法》（简称《反不正当竞争法》）等。这些法律法规不仅规范了物流服务企业的行为，也保护了消费者的权益。因此，物流服务企业在制定和执行市场营销策略时，必须充分了解并遵守相关法律法规，以确保企业的合法经营和稳健发展。本部分内容将对物流服务企业市场营销中涉及的法律法规进行详细介绍和分析。

（二）物流服务企业市场营销涉及的主要法律法规

1. 《合同法》

《合同法》是规范物流服务企业与客户之间合同关系的法律。在市场营销活动中，物流服务企业需要与客户签订合同，明确双方的权利和义务。《合同法》规定了合同的成立、履行、变更和终止等方面的内容，物流服务企业必须遵守《合同法》的规定，确保合同的合法性和有效性。

2. 《道路运输条例》

《道路运输条例》是规范物流服务企业运输活动的法律。物流服务企业作为承运人，需要遵守《道路运输条例》的规定，确保运输活动的安全和合法。《道路运输条例》涉及运输合同、货物运输、旅客运输、危险品运输等方面的内容，物流服务企业需要了解并遵守相关规定，确保运输活动的顺利进行。

3.《反不正当竞争法》

《反不正当竞争法》是规范物流服务企业市场竞争行为的法律。在市场营销活动中，物流服务企业需要遵守《反不正当竞争法》的规定，确保市场竞争的公平和有序。《反不正当竞争法》涉及反不正当竞争、反垄断等方面的内容，物流服务企业需要了解并遵守相关规定，避免违反《反不正当竞争法》的规定。

（三）法律法规对物流服务企业市场营销的影响

法律法规对物流服务企业市场营销的影响主要体现在以下几个方面：

1. 规范企业行为

法律法规规范了物流服务企业的行为，确保企业在市场营销活动中遵守法律规定，避免违法行为的发生。这有助于维护市场秩序和公平竞争环境，促进物流行业的健康发展。

2. 保护消费者权益

法律法规保护了消费者的权益，规范了物流服务企业的服务质量和价格行为。这有助于提升消费者满意度和忠诚度，增强物流服务企业的市场竞争力。

3. 降低企业风险

遵守法律法规可以降低物流服务企业的法律风险和经济损失。企业在市场营销活动中遵守法律规定，可以避免因违法行为而引发的法律纠纷和经济损失。

（四）物流服务企业如何遵守法律法规进行市场营销

1. 建立健全的法律风险防范机制

物流服务企业应建立健全的法律风险防范机制，加强企业内部管理，确保企业在市场营销活动中遵守法律法规。企业应设立专门的法务部门或法律顾问，负责企业法律事务的管理和咨询工作。

2. 加强员工法律法规培训

物流服务企业应加强对员工的法律法规培训，提高员工的法律意识和法律素养。培训使员工了解并遵守相关法律法规，确保企业在市场营销活动中依法合规。

3. 完善合同管理制度

物流服务企业应完善合同管理制度，规范合同管理流程，确保合同的合法性和有效性。企业应对合同进行审查、备案和归档管理，避免合同纠纷的发生。

4. 加强与监管机构的沟通与合作

物流服务企业应加强与监管机构的沟通与合作，及时了解并遵守相关法律法规和政策要求。企业应与监管机构保持密切联系，积极参与行业协会和组织的活动，共同推动物流行业的健康发展。

（五）总结与展望

遵守法律法规是物流服务企业市场营销的重要保障。企业应充分了解并遵守《合同法》《道路运输条例》《反不正当竞争法》等法律法规的要求，确保企业在市场营销活动中合法合规。通过建立健全的法律风险防范机制、加强员工法律法规培训、完善合同管理制度及加强与监管机构的沟通与合作等措施，物流服务企业可以更好地遵守法律法规进行市场营销活动。未来，随着物流行业的不断发展和法律法规的不断完善，物流服务企业需要持续关注法律法规的变化和发展趋势，不断提升企业的法律合规意识和能力水平，以适应市场的变化和满足客户的需求。通过加强法律法规遵守工作，物流服务企业将在激烈的市场竞争中保持竞争优势并实现可持续发展。

五、物流服务企业市场营销的道德与社会责任

（一）概述

随着全球化的加速和市场竞争的日益激烈，物流服务企业在追求经济利益的同时，也越来越重视道德和社会责任。道德和社会责任不仅是企业可持续发展的重要支撑，也是提升企业形象和品牌价值的关键因素。本部分内容将对物流服务企业市场营销中的道德和社会责任进行深入探讨。

（二）市场营销中的道德问题

1. 道德问题的定义与类型

道德问题是指企业在市场营销活动中面临的涉及伦理、道德和价值观的抉择。这些问题通常涉及企业与消费者、竞争对手、员工和社会等利益相关者之间的关系。在物流服务企业的市场营销中，常见的道德问题包括欺诈行为、不公平竞争、价格歧视、隐私侵犯等。

2. 道德问题对企业的影响

道德问题对企业的影响是多方面的。首先，道德问题可能导致企业声誉受损，影响企业的品牌形象和市场地位。其次，道德问题可能引发法律纠纷和经济损失，给企业的长期发展带来负面影响。此外，道德问题还可能影响企业的员工士气和团队合作，降低企业的内部凝聚力和执行力。

（三）物流服务企业的社会责任

1. 社会责任的定义与内涵

社会责任是指企业在追求经济利益的同时，积极承担对股东、员工、消费者、社区和环境等利益相关者的责任。这些责任包括保护消费者权益、保障员工权益、促进社区发展、保护环境和资源等。对于物流服务企业而言，社会责任的履行不仅是企业公民的义务，也是提升企业竞争力的关键。

2. 履行社会责任对物流服务企业的积极影响

履行社会责任对物流服务企业的积极影响主要表现在以下几个方面：首先，履行社会责任有助于提升企业的品牌形象和声誉，增强消费者对企业的信任和忠诚度。其次，履行社会责任有助于促进企业内部的凝聚力和执行力，提高员工的工作满意度和归属感。此外，履行社会责任还有助于建立企业与政府、社区和其他利益相关者之间的良好关系，为企业创造有利的外部环境。

（四）物流服务企业如何在市场营销中践行道德与社会责任

1. 建立健全的道德规范体系

物流服务企业应建立健全的道德规范体系，明确企业在市场营销活动中应遵循的伦理原则和行为准则。这个体系应涵盖企业与各利益相关者之间的关系处理、信息披露、公平竞争等方面，确保企业在市场营销活动中始终坚守道德底线。

2. 加强员工道德教育与培训

物流服务企业应加强对员工的道德教育和培训，增强员工的道德意识和素养。定期的

培训课程、道德讲座和案例分析等形式，使员工深刻理解道德和社会责任的重要性，并在实际工作中践行这些价值观。

3. 积极履行社会责任

物流服务企业应积极履行对股东、员工、消费者、社区和环境等利益相关者的责任。例如，保障员工权益、提高服务质量、参与社区建设、推动环保和可持续发展等。通过积极履行社会责任，企业不仅能够赢得社会各界的尊重和认可，还能为企业创造长期价值。

4. 强化监督与自我评估

物流服务企业应建立有效的监督机制和自我评估体系，定期对企业在市场营销活动中的道德和社会责任履行情况进行检查和评估。通过及时发现和纠正问题，确保企业在市场营销活动中始终遵循道德原则并达到社会责任要求。

（五）总结与展望

道德和社会责任在物流服务企业市场营销中具有重要意义。企业应充分认识到道德和社会责任的重要性，积极践行这些价值观，为企业的可持续发展和社会和谐作出贡献。未来，随着社会的不断进步和消费者需求的日益多样化，物流服务企业需要不断加强道德建设和社会责任履行工作，以适应市场的变化和满足社会的期望。通过不断提升企业的道德水平和社会责任感，物流服务企业将在激烈的市场竞争中保持竞争优势并实现长远发展。

第二节　物流服务企业市场营销分析

一、物流服务企业市场营销的全球化趋势

（一）概述

随着全球经济一体化的加速和国际贸易的日益频繁，物流服务企业在市场营销中面临着越来越明显的全球化趋势。全球化不仅为物流服务企业带来了巨大的市场机遇，也带来了前所未有的挑战。如何在全球化背景下制定有效的市场营销策略，提升企业的国际竞争力，成为物流服务企业亟待解决的问题。本部分内容将对物流服务企业市场营销的全球化趋势进行深入探讨。

（二）全球化对物流服务企业市场营销的影响

1. 市场扩大与竞争加剧

全球化使得物流服务企业的市场范围大幅扩大，企业可以便捷地进入国际市场拓展业务。然而，这也导致了国际市场竞争的加剧。物流服务企业需要与来自世界各地的企业竞争，争夺市场份额。

2. 客户需求多样化

在全球化背景下，客户的需求呈现多样化的特点。不同国家和地区的文化差异、消费习惯、法律法规等都会对物流服务的需求产生影响。因此，物流服务企业需要更加关注客户需求，提供个性化的服务。

3. 技术创新与应用

全球化推动了物流技术的创新与应用。物联网、大数据、人工智能等先进技术的应用，使得物流服务企业能够高效地管理供应链、提高服务质量。同时，这些技术也为物流服务企业提供了更多的市场机遇。

（三）物流服务企业应对全球化趋势的市场营销策略

1. 国际化品牌建设

在全球化背景下，物流服务企业需要加强国际化品牌建设，提升品牌知名度和美誉度。通过参加国际展会、加入国际组织、提供高质量的服务等方式，树立企业在国际市场上的良好形象。

2. 跨文化管理与沟通

由于全球化背景下的市场需求多样化，物流服务企业需要注重跨文化管理与沟通。通过了解不同国家和地区的文化差异、消费习惯等，制定有针对性的市场策略，确保服务能够满足客户的需求。

3. 国际合作与联盟

面对全球化的市场竞争，物流服务企业可以通过国际合作与联盟来增强自身的竞争力，也可以与国外的物流服务企业建立战略合作关系，共同开拓市场、分享资源，实现互利共赢。

4. 技术创新与研发投入

物流服务企业需要关注技术创新与应用，加大研发投入，推动企业的技术进步。通过应用物联网、大数据、人工智能等先进技术，提高服务效率、降低成本，为客户提供优质的服务。

（四）全球化趋势下的挑战与应对策略

1. 法律法规差异

在全球化背景下，物流服务企业需要面对不同国家和地区的法律法规差异。企业需要深入了解并遵守各国的法律法规，确保业务的合规性。同时，企业也需要加强与当地监管机构的沟通与合作，建立良好的政企关系。

2. 国际政治风险

国际政治风险是物流服务企业在全球化过程中需要关注的重要问题。企业需要关注国际政治局势的变化，评估潜在的政治风险，制定相应的风险应对策略。通过多元化市场布局、分散投资风险等方式，降低国际政治风险对企业的影响。

3. 汇率波动与成本控制

汇率波动是全球化背景下物流服务企业需要面临的一个挑战。企业需要关注汇率变化对企业经营成本的影响，制定合理的成本控制策略。通过优化供应链管理、提高运营效率等方式，降低汇率波动对企业的影响。

（五）总结与展望

全球化趋势为物流服务企业带来了巨大的市场机遇和挑战。为了在全球化背景下保持竞争优势并实现可持续发展，物流服务企业需要制定有效的市场营销策略，加强国际化品牌建设、跨文化管理与沟通、国际合作与联盟及技术创新与研发投入。同时，企业也需要关注全球化过程中的法律法规差异、国际政治风险及汇率波动等挑战，并制定相应的应对策略。展望未来，随着全球化进程的不断推进和物流技术的持续创新，物流服务企业的市场营销将面临广阔的发展空间和机遇。企业需要紧跟时代步伐，不断提升自身的国际竞争力，以适应全球化趋势并实现长远发展。

二、物流服务企业市场营销的消费者行为研究

（一）概述

在物流服务企业市场营销中，深入了解消费者行为至关重要。消费者行为研究能够帮助企业把握市场需求、预测市场趋势，从而制定精准的市场营销策略。随着经济的发展和消费者需求的不断变化，物流服务企业需要对消费者行为进行深入的研究和分析，以满足客户的需求并提升市场竞争力。本部分内容将对物流服务企业市场营销中的消费者行为进行研究。

（二）消费者行为理论框架

1. 消费者决策过程

消费者决策过程是指消费者在购买商品或服务时所经历的一系列心理和行为活动。这个过程包括需求识别、信息收集、方案评估、购买决策和购后行为五个阶段。物流服务企业在市场营销中需要密切关注消费者的决策过程，以便更好地满足消费者的需求。

2. 影响消费者行为的因素

影响消费者行为的因素多种多样，主要包括个人因素、社会因素、心理因素和文化因素等。个人因素如年龄、性别、职业等；社会因素如家庭、朋友、参照群体等；心理因素如动机、感知、学习等；文化因素如价值观、信仰、习俗等。这些因素共同作用于消费者的购买行为，影响着消费者的选择和决策。

（三）物流服务消费者行为特点

1. 服务需求的多样性

物流服务消费者的需求具有多样性。不同的消费者对物流服务的需求可能存在差异，如运输速度、安全性、价格等。物流服务企业需要关注消费者的个性化需求，提供多样化的服务方案。

2. 价格敏感度

物流服务消费者通常具有较高的价格敏感度。消费者在选择物流服务时，往往会综合考虑价格与服务质量之间的关系。因此，物流服务企业需要制定合理的价格策略，平衡价格与服务质量之间的关系。

3. 品牌忠诚度

在物流服务领域，品牌忠诚度也是消费者行为的一个重要特点。一些知名的物流服务品牌具有较高的市场认可度和口碑，消费者在选择时会倾向于选择这些品牌。因此，物流服务企业需要注重品牌建设和维护，提高消费者的品牌忠诚度。

（四）物流服务企业如何针对消费者行为制定市场策略

1. 精准定位目标市场

物流服务企业需要对目标市场进行精准定位，明确目标消费者的需求和特点。通过对目标市场的深入研究，企业可以准确地把握消费者的需求变化和市场趋势，从而制定有效的市场营销策略。

2. 优化服务流程与提高服务质量

针对消费者对服务质量和效率的高度关注，物流服务企业需要不断优化服务流程和提高服务质量。通过改进服务流程、提高服务效率、加强服务质量控制等方式，提升消费者的满意度和忠诚度。

3. 强化品牌建设与宣传

品牌建设是提升消费者忠诚度和市场份额的重要手段。物流服务企业需要注重品牌形象的塑造和传播，通过品牌故事、企业文化等手段打造独特的品牌形象。同时，加强品牌宣传和推广，提高品牌知名度和美誉度，吸引更多消费者选择本企业的服务。

4. 利用数据分析预测消费者行为

在数字化时代，数据分析成为企业制定市场策略的重要依据。物流服务企业可以利用大数据技术和人工智能算法，对消费者的购买行为、偏好和需求进行深度挖掘和分析，预测消费者行为。通过数据驱动的营销策略，企业可以精准地满足消费者的需求，提高市场营销效果。

（五）总结与展望

消费者行为研究对于物流服务企业市场营销至关重要。深入了解消费者需求、把握市场趋势是企业制定有效市场策略的关键。未来，随着消费者需求的不断变化和市场环境的不断演变，物流服务企业需要持续关注消费者行为的变化，不断创新市场营销策略，以适应市场的挑战和机遇。同时，随着数字化技术的不断发展，利用大数据和人工智能等技术手段提升消费者行为研究的准确性和效率也将成为未来的重要趋势。通过不断研究和实践，物流服务企业可以更好地满足消费者的需求，提升市场竞争力，实现可持续发展。

三、物流服务企业市场营销的竞争分析

（一）概述

物流服务企业在市场营销中面临着激烈的竞争环境。为了在市场中脱颖而出，企业需要深入了解竞争对手的战略、优势和劣势，并制定有效的竞争策略。本部分内容将对物流服务企业市场营销的竞争分析进行探讨。

（二）竞争分析的重要性

竞争分析是物流服务企业市场营销的核心组成部分。通过对竞争对手的深入了解，企业可以识别自身的优势和劣势，发现市场机会和威胁，从而制定精准的市场营销策略。竞争分析有助于企业提升市场竞争力，实现可持续发展。

（三）竞争分析的主要内容

1. 竞争对手识别

识别竞争对手是竞争分析的第一步。物流服务企业需要明确自己的市场定位和目标客户，进而确定主要的竞争对手。这些竞争对手可能来自同行业内的其他物流服务企业，也可能来自具有相似服务功能的其他行业。

2. 竞争对手战略分析

了解竞争对手的战略是竞争分析的关键。这包括竞争对手的市场定位、服务策略、定价策略、营销策略等。通过对竞争对手战略的分析，企业可以了解其竞争优势和劣势，从而制定有效的竞争策略。

3. 竞争对手能力评估

评估竞争对手的能力是竞争分析的重要组成部分。这包括竞争对手的资源配置、技术创新能力、品牌影响力、客户服务质量等方面。通过对竞争对手能力的评估，企业可以了解其在市场中的实力和地位，为自身的竞争策略制定提供参考。

（四）竞争分析的方法与工具

1. SWOT 分析

SWOT 分析是一种常用的竞争分析方法，对企业自身和竞争对手的优势（Strengths）、劣势（Weaknesses）、机会（Opportunities）和威胁（Threats）进行分析，可以帮助企业制定有效的竞争策略。

2. PEST 分析

PEST 分析是对企业外部环境进行分析的一种方法，包括政治（Political）、经济（Economic）、社会（Social）和技术（Technological）四个方面。通过对这四个方面的分析，企业可以了解外部环境的变化对市场竞争的影响，为竞争策略的制定提供依据。

3. 五力模型

五力模型是由迈克尔·波特提出的、用于分析行业竞争格局的工具。"五力"为五种力量，包括现有竞争者、潜在的进入者、替代品的威胁、供应者的议价能力和购买者的议价能力。通过对这五个力量的分析，企业可以了解行业竞争的激烈程度和自身的竞争地位。

（五）物流服务企业竞争策略的制定与实施

1. 差异化竞争策略

差异化竞争策略是指企业通过提供独特的服务或产品，以满足消费者的个性化需求，从而在市场中获得竞争优势。物流服务企业可以通过提升服务质量、创新服务模式、拓展服务领域等方式实现差异化竞争。

2. 成本领先竞争策略

成本领先竞争策略是指企业通过降低成本，提供具有价格竞争力的服务或产品，从而在市场中获得竞争优势。物流服务企业可以通过优化运输路线、提高装卸效率、降低人力成本等方式实现成本领先。

3. 集中化竞争策略

集中化竞争策略是指企业将资源集中在特定的市场或客户群体上，以提供专业和个性化的服务。物流服务企业可以通过选择特定的行业或地区作为目标市场，深化对目标客户需求的理解和服务，实现集中化竞争。

（六）总结与展望

竞争分析是物流服务企业市场营销的关键环节。通过对竞争对手的深入了解和分析，企业可以制定精准和有效的竞争策略，提升市场竞争力。未来，随着市场竞争的加剧和消费者需求的不断变化，物流服务企业需要持续关注竞争对手的动态和市场趋势，不断调整和优化竞争策略。同时，企业还需要加强自身的创新能力和服务质量提升，以应对市场的挑战和机遇。通过不断的竞争分析和策略调整，物流服务企业可以在市场中保持领先地位并实现可持续发展。

四、物流服务企业市场营销的市场细分与目标市场选择

（一）概述

物流服务企业在市场营销中面临的一个重要问题是如何确定自己的目标市场。市场细分作为市场营销策略的核心组成部分，有助于企业更好地了解消费者需求，制定有针对性的市场策略。本部分内容将对物流服务企业市场营销的市场细分与目标市场选择进行深入探讨。

（二）市场细分的概念与重要性

1. 市场细分的概念

市场细分是指将整体市场划分为若干个子市场的过程，这些子市场具有相似的消费者特征、需求和购买行为。通过市场细分，企业可以精准地识别目标消费者群体，制定有针对性的市场策略。

2. 市场细分的重要性

有利于企业深入了解消费者需求：通过市场细分，企业可以详细地了解每个子市场消费者的需求和特点，为企业产品和服务的优化提供指导。

有利于企业制定有针对性的市场策略：针对不同子市场的消费者需求和特点，企业可以制定更具有针对性的市场策略，提高市场营销效果。

有利于企业优化资源配置：通过市场细分，企业可以合理地分配资源，优先发展具有潜力的子市场，实现资源利用的最大化。

（三）物流服务企业市场细分的依据

1. 地理因素

地理因素是物流服务企业市场细分的重要依据之一。根据不同地区的特点和需求，企业可以将市场划分为不同的地理区域，如北方地区、南方地区等。

2. 行业因素

不同行业对物流服务的需求和特点也有所不同。根据行业特点，企业可以将市场划分为不同的行业领域，如制造业、零售业、电子商务业等。

3. 客户类型

客户类型也是物流服务企业市场细分的重要依据。根据客户的需求和特点，企业可以

将市场划分为不同的客户类型，如大型企业、中小企业、个人客户等。

（四）目标市场选择的策略与原则

1. 目标市场选择的策略

无差异市场策略：企业将整个市场视为一个整体，采用统一的营销策略和服务模式。这种策略适用于市场规模较大、消费者需求相似的情况。

差异性市场策略：企业根据不同子市场的特点和需求，制定有针对性的营销策略和服务模式。这种策略可以更好地满足消费者的个性化需求，提高市场占有率。

集中性市场策略：企业选择一个或多个具有潜力的子市场作为目标市场，集中资源进行营销和服务。这种策略可以充分发挥企业的优势资源，实现市场突破。

2. 目标市场选择的原则

可行性原则：企业选择的目标市场应与企业自身的实力和资源相匹配，确保企业能够有效进入和运营。

盈利性原则：目标市场应具有足够的潜力和吸引力，能够为企业带来稳定的收益和回报。

发展性原则：企业选择的目标市场应具有良好的发展前景和增长潜力，有助于企业实现长期发展。

（五）物流服务企业目标市场选择的实践案例

以某知名物流服务企业为例，该企业通过对市场的深入分析和研究，选择了将电子商务和制造业作为主要目标市场。针对这两个市场的特点和需求，企业制定了差异化的营销策略和服务模式，如优化物流网络、提高配送效率、提供定制化服务等。通过精准的目标市场选择和有效的营销策略实施，该企业成功提升了市场份额和品牌影响力。

（六）总结与展望

市场细分与目标市场选择是物流服务企业市场营销的关键环节。通过对市场的深入分析和研究，企业可以精准地识别目标消费者群体，制定有针对性的市场策略。未来，随着市场的不断变化和消费者需求的升级，物流服务企业需要持续关注市场变化，不断优化目标市场选择策略。同时，企业还应加强与其他行业的合作与联动，拓展服务领域和市场份额，实现可持续发展。

五、物流服务企业市场营销的产品生命周期管理

（一）概述

物流服务企业在市场营销过程中，对产品生命周期的有效管理至关重要。产品生命周期管理不仅涉及产品的开发、推广、销售和衰退等阶段，还涉及如何根据市场变化和客户需求进行策略调整。本部分内容将对物流服务企业市场营销的产品生命周期管理进行深入探讨，以期为相关企业提供有益的参考和借鉴。

（二）产品生命周期理论概述

1. 产品生命周期的定义

产品生命周期是指产品从开发、引入市场、成长、成熟到衰退的整个过程。在这个过程中，产品的市场表现、销售额、利润等都会发生变化。

2. 产品生命周期的四个阶段

引入期：产品刚进入市场，销售额和利润较低，需要投入大量资源进行市场推广。

成长期：产品逐渐被市场接受，销售额和利润快速增长，需要扩大生产规模、提高产品质量。

成熟期：产品市场趋于饱和，销售额和利润达到峰值，需要关注成本控制和客户服务。

衰退期：产品逐渐被市场淘汰，销售额和利润下降，需要考虑产品升级或退出市场。

（三）物流服务企业产品生命周期的特点

1. 服务产品的特殊性

物流服务企业提供的是服务产品，具有无形性、不可存储性、生产与消费同时性等特点。因此，在服务产品的生命周期管理中，需要特别关注服务质量的稳定性和客户满意度的提升。

2. 市场需求的变化性

物流服务市场的需求受经济、政策、技术等因素影响，波动较大。企业需要根据市场变化及时调整产品策略，以满足客户需求。

（四）物流服务企业产品生命周期管理策略

1. 引入期策略

在引入期，物流服务企业需要关注市场调研和产品开发。通过深入了解客户需求和市场趋势，开发出符合市场需求的服务产品。同时，物流服务企业应加大市场推广力度，提高产品知名度。

2. 成长期策略

在成长期，物流服务企业需要关注生产规模扩大和产品质量提升。通过优化生产流程、提高服务效率和质量来满足市场快速增长的需求。同时，物流服务企业应加强客户关系管理，提高客户满意度和忠诚度。

3. 成熟期策略

在成熟期，物流服务企业需要关注成本控制和客户服务。通过精细化管理和技术创新，降低运营成本，提高服务效率。同时，物流服务企业应关注客户体验和服务创新，提升客户满意度，保持市场竞争力。

4. 衰退期策略

在衰退期，物流服务企业需要关注产品升级或市场退出。对现有产品进行升级改进或开发新产品，可以满足市场新的需求。若市场已无发展空间，可考虑有序退出市场，避免资源浪费和亏损。

（五）物流服务企业产品生命周期管理的实施与保障

1. 完善组织架构和流程

物流服务企业应建立完善的组织架构和流程，明确各部门职责和协作关系，确保产品生命周期管理的顺利实施。

2. 加强人才培养和团队建设

企业应重视人才培养和团队建设，增强员工的专业素质和服务意识。通过培训和激励机制，激发员工的积极性和创造力，为产品生命周期管理提供有力支持。

3. 强化信息化建设和技术应用

借助信息化手段和技术应用，可以提高产品生命周期管理的效率和准确性。企业应加大信息化建设投入，推广先进的物流管理系统和技术工具，提升服务质量和市场竞争力。

4. 持续创新和改进

物流服务企业应保持敏锐的市场洞察力和创新意识，不断探索新的服务模式和业务模式。通过持续改进和创新，延长产品的生命周期，提高市场占有率和盈利能力。

（六）总结与展望

产品生命周期管理是物流服务企业市场营销的重要组成部分。通过对产品生命周期的有效管理，企业可以更好地满足客户需求、提升市场竞争力并实现可持续发展。未来，随着市场的不断变化和技术的不断进步，物流服务企业需要不断完善产品生命周期管理策略和实践经验积累，以应对市场挑战和抓住发展机遇。同时，物流服务企业还应关注行业趋势和客户需求变化，积极探索新的服务模式和技术应用，推动物流服务行业的创新与发展。

第三节 物流服务企业的价格与品牌

一、物流服务企业市场营销的渠道管理

（一）概述

在物流服务企业的市场营销中，渠道管理扮演着至关重要的角色。有效的渠道管理不仅能够帮助企业更好地接触目标客户，提高市场份额，还能够优化资源配置，降低成本，提升企业的整体竞争力。因此，对物流服务企业而言，构建和管理高效的营销渠道是市场营销策略中的关键一环。

（二）物流服务企业市场营销渠道的类型与特点

1. 直接渠道与间接渠道

直接渠道：指物流服务企业直接与客户建立联系并提供服务的渠道，如自有物流、官方网站、直销团队等。这种渠道有助于企业更好地控制服务质量和客户关系，但可能面临较高的运营成本和覆盖范围限制。

间接渠道：指物流服务企业通过合作伙伴或第三方平台与客户建立联系的渠道，如代

理商、分销商、电商平台等。这种渠道可以扩大企业的市场覆盖范围，降低运营成本，但可能需要对合作伙伴进行有效的管理和协调。

2. 线上渠道与线下渠道

线上渠道：指通过互联网、移动设备等数字平台开展营销活动的渠道，如社交媒体、搜索引擎营销、电子邮件营销等。这种渠道具有传播速度快、互动性强、成本较低等优势，但也需要企业具备数字化营销能力和数据分析能力。

线下渠道：指通过传统的实体网点、展会、活动等方式开展营销活动的渠道。这种渠道有助于企业与客户建立面对面的沟通和信任关系，但可能受到地域和时间等限制。

（三）物流服务企业市场营销渠道管理的策略与原则

1. 渠道选择策略

物流服务企业在选择营销渠道时，应综合考虑目标市场的特点、产品特性、企业资源等因素。例如，对于目标客户集中、服务要求较高的市场，企业可以选择直接渠道，以更好地控制服务质量和客户关系；对于目标客户分散、服务要求多样化的市场，企业可以选择间接渠道，以扩大市场覆盖范围并降低成本。

2. 渠道协同策略

企业应对不同类型的渠道进行有效的协同管理，确保各渠道之间的互补性和协同作用。例如，线上渠道可以用于吸引潜在客户和提供便捷的服务体验，而线下渠道则可以用于建立深度信任和提供个性化的服务。通过线上线下渠道的协同配合，企业可以更好地满足客户需求并提升市场竞争力。

3. 渠道管理原则

客户需求导向：企业应始终以满足客户需求为出发点，选择和管理营销渠道，确保渠道能够为客户提供便捷、高效、优质的服务体验。

成本效益原则：企业在进行渠道管理时，应充分考虑成本效益比，选择具有合理投资回报率的渠道，避免资源浪费和亏损。

灵活性原则：随着市场环境的变化和客户需求的演变，企业应保持渠道的灵活性和适应性，及时调整和优化渠道策略以应对市场变化。

（四）物流服务企业市场营销渠道管理的实施与优化

1. 构建完善的渠道体系

企业应结合自身的业务特点和目标市场需求，构建包括直接渠道和间接渠道、线上渠道和线下渠道在内的完善渠道体系。同时，企业还应对各渠道进行明确的定位和功能划分，确保各渠道之间的协同和互补。

2. 加强渠道合作伙伴的管理与协调

对于间接渠道中的合作伙伴或第三方平台，企业应建立有效的管理机制和协调机制，确保合作伙伴能够按照企业的要求提供服务并保持良好的合作关系。同时，企业还应定期对合作伙伴进行评估和调整，以确保渠道的稳定性和持续性。

3. 提升数字化营销能力

随着数字化时代的到来，物流服务企业应积极提升数字化营销能力，充分利用社交媒体、搜索引擎营销等线上渠道开展营销活动。通过数字化营销手段的运用，企业可以精准地接触目标客户、提高营销效果并降低营销成本。

4. 持续优化渠道管理策略

企业应定期对渠道管理策略进行评估和调整，以适应市场变化和客户需求的变化。通过持续优化渠道管理策略，企业可以保持渠道的竞争力和活力，为企业的可持续发展提供有力支持。

（五）总结与展望

物流服务企业市场营销的渠道管理是一项复杂而重要的任务。通过构建完善的渠道体系、加强渠道合作伙伴的管理与协调、提升数字化营销能力及持续优化渠道管理策略等措施的实施，企业可以更好地满足客户需求、提高市场份额并提升整体竞争力。未来，随着物流行业的不断发展和市场竞争的加剧，物流服务企业需要不断创新和完善渠道管理策略和实践经验积累，以应对市场挑战和抓住发展机遇，同时应关注行业趋势和客户需求变化，积极探索新的服务模式和技术应用，推动物流服务行业的创新与发展。

二、物流服务企业市场营销的促销策略

（一）概述

物流服务企业在市场营销中，促销策略的运用至关重要。有效的促销策略不仅能够提升企业的品牌知名度，吸引更多的潜在客户，还能够增强客户黏性，提高客户满意度。本部分内容将对物流服务企业市场营销的促销策略进行深入探讨，以期为相关企业提供有益的参考和借鉴。

（二）促销策略概述

1. 促销策略的定义

促销策略是企业为了刺激消费者购买、提高销售额而采取的一系列市场营销手段的组合。通过促销策略，企业可以向目标市场传递产品信息、激发购买欲望、促进交易达成。

2. 促销策略的主要手段

广告促销：通过各种媒体渠道发布广告，向消费者传递产品信息和品牌形象。

销售促进：通过提供折扣、赠品、优惠券等方式，刺激消费者购买。

人员推销：通过销售人员直接与潜在客户进行沟通，介绍产品特点和优势。

公共关系：通过参与社会公益活动、举办新闻发布会等方式，提升企业的社会形象和知名度。

（三）物流服务企业促销策略的特点与挑战

1. 服务产品的特殊性

物流服务企业提供的是服务产品，具有无形性、不可存储性等特点。因此，在促销策略的制定中，需要特别关注服务产品的特点和优势，以及如何通过促销手段将这些特点和优势有效传递给消费者。

2. 市场需求的波动性

物流服务市场的需求受经济、政策、季节等因素影响，波动性较大。企业需要根据市

场变化灵活调整促销策略，以适应市场需求的变化。

3. 来自竞争对手的压力

物流服务行业竞争激烈，竞争对手的促销策略可能对企业的市场份额和销售业绩产生影响。因此，企业需要密切关注竞争对手的动态，制定有针对性的促销策略，以应对竞争压力。

（四）物流服务企业市场营销的促销策略建议

1. 明确促销目标

在制定促销策略时，企业应首先明确促销目标，如提高品牌知名度、吸引新客户、增加销售额等。明确的促销目标有助于企业更好地选择适合的促销手段和制定具体的促销方案。

2. 选择合适的促销手段

根据服务产品的特点和市场需求，选择合适的促销手段。对于物流服务企业而言，可以通过广告促销提升品牌知名度；通过销售促进来吸引新客户并增加销售额；通过人员推销与潜在客户进行深度沟通，了解客户需求并为其提供个性化服务；通过公共关系提升企业社会形象和信誉度。

3. 制定有针对性的促销方案

针对目标客户群体和市场需求，制定有针对性的促销方案。例如，针对企业客户，可以提供定制化的物流解决方案和优惠政策；针对个人客户，可以提供便捷的在线下单和查询服务及积分兑换等福利。

4. 注重促销效果评估与调整

在实施促销策略后，企业应定期对促销效果进行评估和分析，了解促销策略的实际效果和市场反馈。根据评估结果及时调整促销策略和优化促销方案，以提高促销效果和投入产出比。

（五）实施促销策略的保障措施

1. 加强内部沟通与协作

企业应建立完善的内部沟通机制，确保各部门之间在促销策略的制定和实施过程中保持紧密协作和有效沟通。通过内部沟通与协作，可以提高促销策略的执行效率和效果。

2. 强化促销团队建设

企业应重视促销团队的建设和管理，提高促销人员的专业素质和服务意识。通过培训和激励机制，激发促销团队的积极性和创造力，为促销策略的成功实施提供有力保障。

3. 整合营销资源

企业应充分利用自身和合作伙伴的营销资源进行整合营销传播。通过整合广告、公关、销售等营销资源，提高促销策略的覆盖范围和影响力。

4. 关注客户体验与反馈

在促销策略的实施过程中，企业应始终关注客户体验和反馈。通过收集客户意见和建议，不断改进和优化服务质量和促销方案，提升客户满意度和忠诚度。

（六）总结与展望

促销策略是物流服务企业市场营销的重要手段之一。通过制定有针对性的促销方案、选择合适的促销手段并加强内部沟通与协作等措施的实施，企业可以有效提升品牌知名度、吸引新客户并增加销售额。未来，随着市场竞争的加剧和消费者需求的不断变化物流服务企业需要不断创新和完善促销策略，以适应市场变化和满足客户需求，同时应关注数字化营销和社交媒体等新兴领域的发展，积极探索新的促销方式和手段，推动物流服务行业的创新与发展。

三、物流服务企业市场营销的价格策略

（一）概述

在物流服务企业的市场营销中，价格策略是核心要素之一。合理的价格策略不仅能够平衡企业的收益与客户的需求，还能够增强企业的市场竞争力。本部分内容将对物流服务企业市场营销的价格策略进行深入探讨。

（二）价格策略的基本概念与重要性

1. 价格策略的定义

价格策略是指企业在市场营销中，根据市场需求、产品特性、成本结构等因素，制定和调整产品价格的一系列决策和行动。价格策略是企业实现盈利目标、满足客户需求和保持市场竞争优势的重要手段。

2. 价格策略的重要性

影响销售与市场份额：价格是消费者购买决策的关键因素之一，合理的价格策略可以刺激销售增长，提高市场份额。

调节供需关系：价格策略可以平衡市场供需关系，避免资源浪费和短缺现象。

塑造品牌形象：价格策略可以传递企业的品牌价值和定位，塑造独特的品牌形象。

（三）物流服务企业价格策略的影响因素分析

1. 成本结构

物流服务企业的成本结构包括固定成本和变动成本。固定成本如设备折旧、租金等，而变动成本则与运输量、仓储量等直接相关。企业在制定价格策略时，需要充分考虑成本结构，确保价格能够覆盖成本并实现盈利。

2. 市场需求与竞争状况

市场需求和竞争状况是影响价格策略制定的关键因素。市场需求高时，企业可以适当提高价格；而竞争激烈时，企业可能需要降低价格来吸引客户。此外，企业还需要关注竞争对手的价格策略，以制定具有竞争力的价格。

3. 服务质量与客户感知价值

物流服务企业的价格策略与其服务质量和客户感知价值密切相关。高质量的服务可以提高客户感知价值。因此，企业在制定价格策略时，需要充分考虑服务质量和客户感知价值的影响。

（四）物流服务企业市场营销的价格策略建议

1. 成本导向定价策略

成本导向定价策略是指企业根据成本结构来制定价格。在这种策略下，企业会计算提

供服务的总成本，并加上期望的利润率来确定价格。这种策略适用于市场需求稳定、竞争相对较弱的情况。

2. 市场导向定价策略

市场导向定价策略是指企业根据市场需求和竞争状况来制定价格。企业会分析竞争对手的价格水平和市场需求弹性，以制定具有竞争力的价格。这种策略适用于市场需求波动较大、竞争激烈的情况。

3. 价值导向定价策略

价值导向定价策略是指企业根据客户感知价值来制定价格。企业会评估其服务在客户心中的价值，并据此制定价格。这种策略适用于企业能够提供独特且高价值的服务，且客户对价格敏感度较低的情况。

（五）价格策略实施与调整

1. 灵活调整价格以适应市场变化

物流服务企业应根据市场变化及时调整价格策略。例如，在需求旺季时，可以适当提高价格以获取更多利润；而在需求淡季时，可能需要降低价格以吸引客户。

2. 与客户沟通并解释价格调整原因

当企业需要调整价格时，应与客户进行及时沟通并解释价格调整的原因。这有助于增强客户的理解和信任，减少因价格调整而带来的负面影响。

3. 监测竞争对手的价格动态以制定相应策略

企业应定期监测竞争对手的价格动态，并根据竞争情况制定相应的价格策略。例如，当竞争对手降低价格时，企业可能需要调整自己的价格以保持竞争力。

（六）总结与展望

价格策略是物流服务企业市场营销的重要组成部分。合理的价格策略不仅能够平衡企业的收益与客户的需求，还能够增强企业的市场竞争力。在制定价格策略时，企业应充分考虑成本结构、市场需求与竞争状况及服务质量与客户感知价值等因素。同时，在实施价格策略时，企业需要保持灵活性并及时调整价格策略，以适应市场变化。

未来，随着物流行业的不断发展和市场竞争的加剧，物流服务企业需要不断创新和完善价格策略。例如，利用大数据和人工智能技术来分析市场需求和竞争对手的价格动态，以制定更具有针对性的价格策略；同时探索与其他行业或企业的合作，以提供综合性解决方案并降低成本结构，从而提高价格竞争力。此外，还应关注客户需求的变化并持续改进服务质量，以提升客户感知价值，从而为制定更高水平的价格策略奠定基础。

四、物流服务企业市场营销的品牌与形象管理

（一）概述

在物流服务企业市场营销中，品牌与形象管理扮演着至关重要的角色。品牌代表了企业的声誉、信誉和核心价值，而形象则反映了企业在公众心目中的印象和地位。优秀的品牌与形象管理能够增强企业的市场竞争力，提升客户忠诚度和满意度，进而促进企业的可持续发展。本部分内容将对物流服务企业市场营销的品牌与形象管理进行深入探讨，以期

为相关企业提供有益的参考和借鉴。

（二）品牌与形象管理的基本概念

1. 品牌管理

品牌管理是指企业通过一系列战略和战术手段，对品牌的创建、传播、维护和提升进行系统的规划和管理。品牌管理旨在塑造独特的品牌形象，增强品牌认知度和美誉度，从而提升品牌价值和市场竞争力。

2. 形象管理

形象管理是指企业通过各种手段和渠道，对企业在公众心目中的形象进行塑造、维护和提升。形象管理旨在建立良好的企业声誉和信誉，增强企业的社会影响力和公众认可度。

（三）物流服务企业品牌与形象管理的重要性

1. 提升市场竞争力

优秀的品牌与形象管理能够使物流服务企业在众多竞争对手中脱颖而出，提升市场份额和竞争力。一个具有独特魅力和良好声誉的品牌，能够吸引更多客户的关注和信任，从而增加企业的业务量和利润。

2. 增强客户忠诚度

品牌与形象管理能够塑造独特的企业形象和价值观，使客户对企业产生认同感。这种认同感能够增强客户对企业的忠诚度和黏性，提高客户满意度。

3. 促进可持续发展

良好的品牌与形象是企业可持续发展的重要保障。通过积极的品牌与形象管理，企业能够建立稳定的社会关系网络，获得更多的资源和支持。同时，优秀的品牌与形象还能够激发员工的归属感和自豪感，提高员工的工作积极性和创造力，为企业的可持续发展提供有力支撑。

（四）物流服务企业品牌与形象管理的策略与实践

1. 明确品牌定位与核心价值

物流服务企业在品牌与形象管理中，应首先明确自己的品牌定位与核心价值。这包括确定企业的目标市场、客户群体及提供的服务特点等。通过明确品牌定位与核心价值，企业能够更有针对性地进行品牌传播和形象塑造。

2. 加强品牌传播与推广

品牌传播与推广是品牌与形象管理的关键环节。物流服务企业应通过广告、公关、社交媒体等渠道，积极宣传企业的品牌形象、服务特点和核心价值观。同时，企业还可以通过举办活动、参与社会公益等方式，提高品牌知名度和美誉度。

3. 优化客户服务体验

优质的客户服务体验是塑造良好品牌形象的关键。物流服务企业应关注客户需求和反馈，提供个性化、专业化的服务。通过优化客户服务体验，企业能够增强客户对企业的信任和忠诚度，进而提升品牌形象和市场竞争力。

4. 强化员工品牌意识与培训

员工是企业品牌与形象管理的重要参与者。物流服务企业应加强员工品牌意识的培养和培训，使员工充分认识到自己在品牌与形象管理中的重要作用。通过增强员工的品牌意识和专业素养，企业能够形成内部统一的品牌形象和价值观，进而提升整体形象管理水平。

（五）品牌与形象管理的挑战与应对策略

1. 应对市场竞争的挑战

在激烈的市场竞争中，物流服务企业需要不断创新品牌与形象管理策略，以应对竞争对手的挑战。企业可以通过差异化品牌定位、个性化服务等方式，打造独特的品牌形象和服务特点，从而吸引更多客户的关注和信任。

2. 应对客户期望的变化

客户期望的不断变化对品牌与形象管理提出了更高的要求。物流服务企业应密切关注客户需求和反馈，及时调整品牌策略和服务模式，以满足客户期望的变化。同时，企业还应加强与客户的沟通和互动，建立稳定的客户关系网络。

3. 应对品牌形象危机的挑战

品牌形象危机是品牌与形象管理中的重要风险之一。面对品牌形象危机，物流服务企业应迅速采取行动，通过公开道歉、积极处理等方式，挽回客户信任和企业形象。同时，企业还应建立完善的品牌形象危机应对机制，提高应对能力和效率。

（六）总结与展望

品牌与形象管理是物流服务企业市场营销的重要组成部分。通过明确品牌定位与核心价值、加强品牌传播与推广、优化客户服务体验及强化员工品牌意识与培训等策略与实践，企业能够塑造独特的品牌形象和良好的企业声誉，从而提升市场竞争力和可持续发展能力。

未来，随着市场竞争的加剧和客户需求的不断变化，物流服务企业需要不断创新和完善品牌与形象管理策略，同时应关注数字化营销和社交媒体等新兴领域的发展，积极探索新的品牌传播和推广方式，以适应市场变化和满足客户需求的变化。

相信在不断努力下，物流服务企业的品牌与形象管理将取得显著的成果，为企业的发展注入新的活力和动力。

五、物流服务企业市场营销的创新与变革

（一）概述

在当今快速变化的市场环境中，物流服务企业面临着前所未有的挑战和机遇。为了保持竞争优势并实现可持续发展，企业必须不断进行市场营销的创新与变革。本部分内容将对物流服务企业市场营销的创新与变革进行深入探讨，旨在为企业提供创新的思路和方法，以适应市场的快速变化。

（二）市场营销创新与变革的重要性

1. 适应市场变化

随着全球化的加速和技术的不断进步，物流服务市场呈现多样化、个性化和快速变化

的特点。企业必须通过市场营销的创新与变革，适应市场的变化，满足客户的需求。

2. 提升竞争力

市场营销创新与变革能够帮助企业提升竞争力，实现差异化竞争。通过创新的市场策略、产品和服务，企业可以吸引更多的客户，扩大市场份额，提高盈利能力。

3. 驱动企业成长

市场营销创新与变革是推动企业成长的重要动力。通过不断创新，企业可以发现新的市场机会，拓展业务领域，实现企业的持续发展和壮大。

（三）物流服务企业市场营销创新策略

1. 数字化营销创新

利用大数据、人工智能等先进技术，实现精准营销和个性化服务。通过社交媒体、电商平台等渠道，扩大品牌知名度和影响力。

2. 服务模式创新

针对客户需求的变化，提供定制化、一体化的物流服务解决方案。通过优化服务流程、提升服务质量来提高客户满意度和忠诚度。

3. 绿色物流创新

积极推广绿色物流理念，采用环保材料和节能技术，降低物流过程中的能耗和排放。通过绿色物流创新，提升企业形象和社会责任感。

（四）物流服务企业市场营销变革策略

1. 组织结构变革

建立扁平化、灵活的组织结构，提高决策效率和市场响应速度。通过跨部门协作和团队合作，实现资源共享和优势互补。

2. 人才引进与培养

重视人才引进和培养工作，打造高素质、专业化的营销团队。通过培训和激励机制，激发员工的创新精神和工作热情。

3. 企业文化变革

营造开放、包容、创新的企业文化氛围，鼓励员工积极提出创新意见和建议。通过企业文化建设，形成具有核心竞争力的企业价值观和行为准则。

（五）市场营销创新与变革带来的挑战与应对方法

1. 技术更新换代的挑战

随着技术的不断发展，企业需要不断更新设备和系统，以适应市场需求。企业应加大技术投入，积极引进先进技术和设备，提高技术水平和创新能力。

2. 市场竞争激烈的挑战

在激烈的市场竞争中，企业需要不断创新，以保持竞争优势。企业应密切关注市场动态和竞争对手的动向，及时调整市场策略和产品服务，以应对市场竞争的挑战。

3. 客户需求变化的挑战

客户需求的变化对企业市场营销提出了更高的要求。企业应加强与客户的沟通和互动，深入了解客户需求和期望，提供个性化、专业化的服务，以满足客户需求的变化。

（六）总结与展望

物流服务企业市场营销的创新与变革是企业适应市场变化、提升竞争力和实现可持续发展的关键。通过数字化营销创新、服务模式创新和绿色物流创新等策略，企业可以不断满足客户需求、拓展市场份额和增强品牌影响力。同时，通过组织结构变革、人才培养与引进和企业文化变革等策略，企业可以构建更加灵活、高效和创新的组织体系。

展望未来，随着物联网、人工智能等技术的快速发展和应用，物流服务企业市场营销的创新与变革将面临广阔的空间和机遇。企业应紧跟时代步伐，不断创新和变革，以应对市场的快速变化和满足客户的需求变化。

第 ◇四◇ 章

物流服务企业目标市场营销分析

第一节　物流服务企业目标市场营销概述

一、目标市场营销的策略

（一）概述

在竞争激烈的物流服务市场中，目标市场营销是企业实现战略目标和获取竞争优势的关键环节。通过深入了解目标市场，明确市场定位，制定有针对性的营销策略，物流服务企业能够更好地满足客户需求，提升市场份额，实现可持续发展。本部分内容将对物流服务企业目标市场营销的概念、重要性、策略及实践进行深入探讨。

（二）目标市场营销的基本概念

1. 目标市场

目标市场是指企业根据自身资源和能力，结合市场需求和竞争态势，选择的具有潜力的特定市场领域。在物流服务领域，目标市场可以是某个地区、行业或客户群体。

2. 目标市场营销

目标市场营销是指企业以目标市场为导向，通过市场细分、市场定位、营销策略制定和实施等步骤，将产品或服务有效地推向目标市场，以实现营销目标的过程。

（三）物流服务企业目标市场营销的重要性

1. 提高市场效率

通过明确目标市场，物流服务企业能够更准确地把握市场需求和竞争态势，避免盲目扩张和资源浪费，提高市场运作效率。

2. 增强市场竞争力

针对目标市场制定营销策略，有助于企业更好地满足客户需求，提升品牌形象和市场占有率，增强市场竞争力。

3. 实现可持续发展

通过深入了解目标市场，企业可以发现新的市场机会和发展空间，为企业的可持续发展提供有力支持。

（四）物流服务企业目标市场营销的策略与实践

1. 市场细分

市场细分是目标市场营销的第一步，通过对物流服务市场的深入研究和分析，企业可以根据客户需求、行业特点、地理位置等因素，将市场划分为不同的细分市场。例如，可以根据客户的行业类型划分为制造业物流、零售业物流、电商物流等细分市场。

2. 市场定位

市场定位是指企业在目标市场中确定自己的位置和形象，以便在客户心中形成独特的认知。物流服务企业应根据自身资源和能力，选择一个或多个细分市场作为目标市场，并通过提供差异化、专业化的服务，塑造独特的品牌形象。例如，某物流服务企业可能专注于高端制造业物流，通过提供高品质、高效率的物流服务，塑造自己在该领域的专业形象。

3. 营销策略制定

针对目标市场，物流服务企业应制定相应的营销策略，包括产品策略、价格策略、渠道策略和促销策略等。例如，在产品策略方面，企业可以针对不同细分市场的特点，提供定制化的物流服务方案；在价格策略方面，企业可以根据市场需求和竞争态势，制定合理的价格水平；在渠道策略方面，企业可以选择合适的合作伙伴和分销渠道，扩大市场份额；在促销策略方面，企业可以通过广告、公关、社交媒体等手段，提升品牌知名度和美誉度。

4. 营销策略实施与评估

制定的营销策略需要得到有效实施和持续评估。物流服务企业应建立完善的营销执行团队和监控机制，确保营销策略的顺利执行。同时，企业还应定期对营销策略的效果进行评估和调整，以适应市场变化和客户需求的变化。

（五）目标市场营销的挑战与应对策略

1. 市场需求变化的挑战

物流服务的市场需求具有多样性和变化性，企业需密切关注市场动态，及时调整市场策略和产品服务。通过加强与客户的沟通和互动，企业可以及时发现市场需求的变化趋势，为营销策略的调整提供有力支持。

2. 竞争激烈的挑战

在竞争激烈的物流服务市场中，企业需要不断创新和提升服务质量，以吸引和留住客户。通过引入先进技术、优化服务流程、提升员工素质等手段，企业可以提高自身的竞争力和市场占有率。

3. 法规政策变化的挑战

物流服务行业受到法规政策的影响较大，企业需要密切关注相关政策变化，确保合规经营。同时，企业还应积极应对政策变化带来的市场机遇和挑战，为自身发展创造有利条件。

（六）总结与展望

目标市场营销是物流服务企业实现战略目标和获取竞争优势的关键环节。通过市场细分、市场定位、营销策略制定和营销策略实施与评估等步骤，企业能够更好地满足客户需求、提升市场份额和增强品牌影响力。然而，在实际操作过程中，企业面临着市场需求变化、竞争激烈和法规政策变化等挑战。因此，企业需要不断创新和提升服务质量，以适应市场变化，同时还需要密切关注政策变化和市场动态，以把握发展机遇。

展望未来，随着物流行业的快速发展和技术的不断进步，物流服务企业目标市场营销将面临广阔的空间和机遇。企业应紧跟时代步伐，不断创新和完善目标市场营销策略，以适应市场的快速变化和满足客户的需求变化。

二、物流服务企业市场环境分析

（一）概述

物流服务企业作为连接供应链上下游的重要环节，其市场环境受到多种因素的影响。在全球经济一体化、信息技术飞速发展的背景下，物流服务企业面临着前所未有的机遇和挑战。本部分内容将对物流服务企业的市场环境进行深入分析，以期为企业制定适应市场变化的发展战略提供参考。

（二）市场环境分析的重要性

1. 把握市场机遇

通过对市场环境的分析，企业可以及时发现市场中的机遇，如新兴行业的发展、消费者需求的变化等，从而调整企业战略，抓住机遇实现快速发展。

2. 应对市场挑战

市场环境的变化往往伴随着挑战，如竞争对手的崛起、政策法规的调整等。通过对市场环境的分析，企业可以预见并应对这些挑战，以降低风险，保持稳健发展。

3. 优化资源配置

市场环境分析有助于企业了解市场需求和资源供应情况，从而优化资源配置，提高资源利用效率，实现可持续发展。

（三）物流服务企业市场环境分析

1. 宏观环境分析

政治法律环境：政府政策对物流行业的影响显著，如税收优惠、交通管制等。企业应密切关注政策变化，合理利用政策资源，降低经营成本。

经济环境：全球经济增长趋势、通货膨胀水平、汇率波动等经济因素都会影响物流服务企业的运营。企业应通过布局多元化市场、控制成本等手段应对经济环境的不确定性。

社会文化环境：消费者需求的变化、人口结构的变化等社会文化因素会影响物流服务的需求。企业应关注消费者需求的变化，提供个性化、定制化的物流服务。

技术环境：信息技术、物联网、大数据等先进技术的应用对物流行业产生了深刻影响。企业应积极引进先进技术，提高服务效率和质量，降低成本。

2. 微观环境分析

市场需求：物流服务企业的市场需求受到行业发展趋势、消费者需求变化等因素的影响。企业应通过市场调研、客户分析等手段深入了解市场需求，提供满足客户需求的服务。

竞争状况：物流行业的竞争日益激烈，竞争对手的崛起、服务创新等因素都可能对企业的市场份额产生影响。企业应通过差异化竞争、品牌建设等手段提高竞争力。

供应链合作：物流服务企业与供应链上下游企业的合作关系对企业的运营效率和成本

控制具有重要影响。企业应加强与供应链合作伙伴的沟通和协作，实现共赢发展。

内部环境：企业的组织结构、管理水平、员工素质等内部环境因素也会影响企业的市场竞争力。企业应通过优化组织结构、提高管理水平、加强员工培训等手段，提升内部环境优势。

（四）市场环境变化对物流服务企业的影响及应对策略

1. 市场需求变化的影响及应对策略

市场需求的变化可能导致物流服务企业面临需求波动、客户流失等风险。为应对这一挑战，企业应加强市场调研和客户分析，了解客户需求的变化趋势，及时调整服务策略，提供满足客户需求的服务。同时，企业还应关注新兴行业的发展趋势，拓展新的服务领域，实现业务多元化。

2. 竞争状况变化的影响及应对策略

竞争对手的崛起和服务创新可能导致物流服务企业面临市场份额下降、盈利能力减弱等风险。为应对这一挑战，企业应加强与竞争对手的对比分析，了解竞争对手的优劣势和服务特点，制定差异化竞争策略，提高服务质量和效率。同时，企业还应加强品牌建设和营销推广的力度，提升品牌知名度和美誉度，吸引更多客户。

3. 供应链合作变化的影响及应对策略

供应链合作伙伴的变动和合作关系的变化可能影响物流服务企业的运营效率和成本控制。为应对这一挑战，企业应加强与供应链合作伙伴的沟通和协作，建立长期稳定的合作关系。同时，企业还应拓展多元化的合作伙伴资源，降低对单一合作伙伴的依赖风险。

4. 企业内部环境变化的影响及应对策略

企业内部环境的变化（如组织结构调整、管理水平提升等）可能对企业的运营效率和服务质量产生影响。为应对这一挑战，企业应持续优化组织结构和管理流程，提高管理效率和决策速度。同时，企业还应加强员工培训和发展计划制订，提升员工素质和创新能力，为企业发展提供有力支持。

（五）总结与展望

通过对物流服务企业市场环境的分析可知，企业在发展过程中面临着复杂多变的市场环境。为应对这些挑战和机遇，企业应密切关注市场动态和政策变化，加强市场调研和客户分析的力度，制定适应市场变化的发展战略。同时，企业还应加强与供应链合作伙伴的沟通和协作，拓展多元化的合作伙伴资源，优化内部管理和员工培训，提升整体竞争力。

展望未来，随着全球经济一体化和信息技术的发展，物流服务企业的市场环境将更加复杂多变。企业应保持敏锐的市场洞察力和创新能力，不断调整和优化市场策略，以适应市场的快速变化和满足客户的需求变化。相信在不断努力下，物流服务企业将能够应对市场环境的挑战，实现可持续发展。

三、目标市场的确定与细分

（一）概述

在竞争激烈的物流服务市场中，确定和细分目标市场对于企业的成功至关重要。通过深入的市场研究和精确的细分策略，企业能够更准确地识别潜在客户需求，优化资源配置，制定有针对性的营销策略，从而在市场中脱颖而出。本部分内容将对物流服务企业如何确定和细分目标市场进行详细探讨，旨在为企业提供具有实际指导意义的策略和建议。

（二）目标市场确定的重要性

1. 提高市场运作效率

明确目标市场有助于企业集中资源，专注于具有潜力的市场领域，避免盲目扩张和资源浪费，从而提高市场运作效率。

2. 增强市场竞争力

通过深入了解目标市场的需求和特点，企业可以制定精准的营销策略，提供满足客户需求的服务，从而增强市场竞争力。

3. 优化资源配置

准确的目标市场确定有助于企业优化资源配置，如人员、设备、资金等，确保资源在最有价值的市场领域得到充分利用。

（三）目标市场的细分

1. 市场细分的概念

市场细分是指将整体市场划分为若干个子市场或细分市场的过程，每个子市场都具有相似的消费者特征和需求。通过市场细分，企业可以精确地识别不同客户群体的需求，为制定有针对性的营销策略提供依据。

2. 市场细分的标准

地理细分：根据地理位置、区域特征等因素，将市场划分为不同的区域市场。例如，按国家、地区、城市等划分。

人口统计细分：根据年龄、性别、收入、职业等特征，将市场划分为不同的消费群体。例如，针对不同年龄段或收入水平的消费者，提供定制化的物流服务。

心理细分：根据消费者的生活方式、价值观、个性特点等因素，将市场划分为不同的消费群体。例如，针对追求高效、便捷或环保的消费者，提供相应的物流服务。

行为细分：根据消费者的购买行为、使用习惯等因素，将市场划分为不同的消费群体。例如，针对高频次或大额交易的客户，提供优先服务或优惠政策。

3. 市场细分的步骤

确定细分市场的依据：根据企业资源和能力、市场需求和竞争态势等因素确定细分市场的依据。

收集和分析数据：收集有关潜在客户群体的数据，包括人口统计信息、消费习惯、需求特点等，并进行分析和处理。

识别细分市场：根据数据分析结果，识别出具有潜力的细分市场，并对其进行描述和定位。

评估细分市场：对识别出的细分市场进行评估，包括市场规模、增长潜力、竞争状况等，以确定目标市场的优先级和选择。

（四）目标市场的选择与定位

1. 目标市场的选择

在细分市场评估的基础上，企业应根据自身资源和能力、市场机会和风险等因素选择适合的目标市场。目标市场的选择应遵循以下原则：

市场潜力：选择具有较大市场规模和增长潜力的市场作为目标市场。

企业资源：确保企业具备在目标市场中提供优质服务所需的资源和能力。

竞争优势：选择能够发挥企业竞争优势的市场作为目标市场，以提高市场份额和盈利能力。

2. 目标市场的定位

目标市场定位是指企业在目标市场中塑造独特的品牌形象和市场地位，以吸引和留住客户。目标市场定位应遵循以下原则：

差异化：通过提供差异化、个性化的服务，塑造独特的品牌形象，以区别于竞争对手。

聚焦核心优势：将企业的核心优势与目标市场的需求相结合，形成具有竞争力的服务模式。

持续创新：关注市场变化和客户需求变化，不断创新服务内容和方式，以满足客户需求，提高客户满意度。

（五）目标市场确定与细分的实践案例

以某物流服务企业为例，该企业通过对整体市场进行深入研究和细分，选择将电商物流、制造业物流、零售业物流作为主要目标市场。针对不同目标市场的特点和需求，企业制定了差异化的服务策略和营销策略。例如，在电商物流市场，企业注重提高配送速度和准确性，提供个性化的物流解决方案；在制造业物流市场，企业则注重提高供应链协同效率和降低物流成本。通过精准的目标市场确定和细分策略。该企业成功在市场中取得了良好的业绩和口碑。

（六）总结与展望

通过深入研究和精确细分目标市场，物流服务企业能够更准确地识别客户需求和市场机会，制定有针对性的营销策略和服务方案，从而提高市场竞争力和市场份额。在未来的发展中，随着市场的不断变化和客户需求的不断升级，企业应持续关注市场动态和客户需求变化，不断优化目标市场的确定与细分策略，以适应市场的快速变化和满足客户的需求变化。同时，企业还应加强与其他领域的合作与创新，拓展新的服务领域和模式，以推动整个物流行业的持续发展和进步。

四、目标市场的选择与定位

（一）概述

在物流服务企业的市场竞争中，目标市场的选择与定位是至关重要的战略环节。正确选择目标市场并精确定位，有助于企业集中资源、优化服务、提高市场占有率和盈利能力。本部分内容将对物流服务企业如何进行目标市场的选择与定位进行深入探讨，旨在为企业提供具有实际操作指导意义的策略和方法。

（二）目标市场选择的重要性

1. 提高资源利用效率

通过选择具有潜力的目标市场，企业可以精准地投入资源，避免资源的浪费和分散，从而提高资源利用效率。

2. 增强市场竞争力

针对目标市场的特点和需求，企业可以制定精准的市场营销策略和服务方案，增强市场竞争力，提高市场份额。

3. 满足客户需求

选择符合企业核心能力和资源条件的目标市场，有助于企业更好地满足客户需求，提高客户满意度和忠诚度。

（三）目标市场选择的因素分析

1. 市场需求分析

深入了解目标市场的需求特点、规模和发展趋势，是选择目标市场的基础。企业可以通过市场调研、数据分析等方式，获取目标市场的相关信息，为选择提供依据。

2. 竞争状况分析

评估目标市场的竞争状况，包括竞争对手的数量、实力和市场占有率等，有助于企业判断自身在目标市场中的竞争地位和发展空间。

3. 企业资源与能力分析

企业应根据自身的资源条件和能力水平，选择适合的目标市场。包括企业的物流网络覆盖、技术实力、资金状况等因素都会对目标市场的选择产生影响。

（四）目标市场的定位策略

1. 市场定位的概念

市场定位是指企业在目标市场中塑造独特的品牌形象和市场地位，以区别于竞争对手并吸引潜在客户。

2. 市场定位的步骤

分析竞争对手：了解竞争对手的服务特点、优势和不足，为自身定位提供参考。

确定目标客户的需求和期望：通过市场调研和数据分析，了解目标客户的具体需求和期望，为定位提供依据。

选择定位策略：根据企业资源和能力、市场需求和竞争状况等因素，选择合适的定位策略，如服务差别化、专业化服务等。

制订实施计划：明确实施定位策略的具体步骤和时间节点，确保计划的可行性和有效性。

3. 市场定位的策略类型

成本领先策略：通过降低成本、提高效率等方式，提供具有竞争力的价格服务，吸引对价格敏感的客户群体。

差异化策略：根据目标市场的特点和需求，提供独特的服务方案和创新产品，以满足客户的个性化需求。

专业化策略：专注于某一特定领域或客户群体，通过提供专业的服务和解决方案，建立品牌形象。

（五）目标市场选择与定位的实践案例

以某知名物流服务企业为例，该企业通过对市场需求、竞争状况和企业资源与能力的综合分析，选择了将电商物流、制造业物流、跨境物流作为主要目标市场。在定位策略上，该企业采取了差异化策略和专业化策略相结合的方式。在电商物流领域，通过提供高效、准时的配送服务，以及创新的仓储管理方案，赢得了众多电商平台的信任和合作。在制造业物流领域，该企业则凭借专业的供应链管理能力和定制化的物流解决方案，成功为多家大型制造企业提供了优质的物流服务。通过精准的目标市场选择与定位策略，该企业不仅提高了市场份额和盈利能力，还树立了良好的品牌形象和口碑。

（六）总结与展望

正确选择目标市场并精确定位是物流服务企业取得成功的关键之一。在实际操作中，企业应结合市场需求、竞争状况和企业资源与能力等因素进行综合分析，选择适合的目标市场并制定相应的定位策略。同时，企业还应根据市场变化和客户需求的变化，不断调整和优化目标市场选择与定位策略，以适应市场的快速发展和满足客户的不断变化的需求。展望未来，随着物流行业的不断发展和创新，物流服务企业应持续关注市场动态和技术趋势，加强与其他行业的合作与融合，探索新的服务模式和商业模式，为企业的可持续发展注入新的动力。

五、消费者行为分析

（一）概述

在物流服务领域，深入理解消费者行为至关重要。消费者行为分析不仅有助于企业更好地满足客户需求，提升客户满意度，还能为企业制定有效的市场策略提供数据支持。本部分内容将详细探讨物流服务企业中消费者行为的各个方面，包括消费者的购买决策过程、影响消费者行为的因素等，以期为企业提供实用的消费者行为分析方法和应用策略。

（二）消费者行为概述

消费者行为是指消费者在购买、使用和处理产品或服务过程中所表现出的行为和心理活动。在物流服务领域，消费者行为涉及选择物流服务提供商、评估服务质量、处理投诉等方面。理解消费者行为有助于企业把握市场动态，优化服务流程，提升竞争力。

（三）消费者购买决策过程分析

1. 需求识别

消费者在购买物流服务前，首先需要识别自身需求。这包括运输、仓储、配送等方面的需求。企业可通过市场调研、客户访谈等方式来了解消费者的具体需求。

2. 信息收集

消费者会通过各种渠道收集关于物流服务提供商的信息，如口碑、评价、价格等。企业应确保在各类渠道上提供准确、全面的信息，以便消费者作出明智的选择。

3. 方案评估

消费者会根据收集的信息，对不同的物流服务提供商进行评估和比较。企业应关注消费者的评价标准，如价格、服务质量、时效性等，并努力提升自身在这些方面的表现。

4. 购买决策

在评估完各个方案后，消费者会作出购买决策。企业应通过优质的服务和良好的口碑吸引消费者，降低购买决策的风险。

5. 购后行为

消费者会对所购买的物流服务进行评估和反馈。企业应关注消费者的反馈意见，及时改进服务，提升客户满意度。

（四）影响消费者行为的因素

1. 个人因素

个人因素（如年龄、性别、职业、收入等）会影响消费者的购买决策。例如，年轻人可能更注重服务的时效性和便捷性，而中老年人可能更注重服务的稳定性和安全性。

2. 社会因素

社会因素（如家庭、朋友、同事等）也会对消费者的购买决策产生影响。消费者可能会因受到他人的推荐或评价而选择特定的物流服务提供商。

3. 文化因素

文化因素（如价值观、信仰、习俗等）也会影响消费者的购买行为。例如，某些人的价值观可能更注重礼貌和尊重，因此消费者在选择物流服务时可能会更加注重服务人员的态度和专业性。

4. 心理因素

心理因素（如动机、感知、学习等）也会对消费者的购买决策产生影响。例如，消费者的购买动机可能是降低成本、提高效率或改善体验等。这些动机将影响他们对物流服务提供商的选择和期望。

（五）消费者行为分析在物流服务中的应用策略

1. 优化服务流程

通过分析消费者行为，企业可以了解消费者的需求和期望，从而优化服务流程，提升服务质量和效率。例如，针对消费者对时效性的高要求，企业可以优化配送路线和时间安排，提高配送速度。

2. 制定营销策略

了解消费者行为有助于企业制定更具有针对性的营销策略。例如，针对年轻人群体的特点，企业可以通过社交媒体等渠道进行宣传推广，吸引更多年轻消费者。

3. 提升客户满意度

通过分析消费者行为，企业可以及时发现并解决服务中存在的问题和不足，从而提升客户满意度和忠诚度。例如，针对消费者反馈的投诉问题，企业可以改进服务流程或加强员工培训，提高服务质量和客户满意度。

4. 创新服务模式

随着市场的不断变化和消费者需求的升级，企业需要不断创新服务模式，以满足消费者的新需求。通过分析消费者行为，企业可以发现市场中的新趋势和机会点，从而推出更具创新性和竞争力的服务模式。例如，针对消费者对环保和可持续性的关注，企业可以推出绿色物流解决方案或循环包装等创新服务。

（六）总结与展望

消费者行为分析对于物流服务企业具有重要意义。通过深入了解消费者的需求和期望、优化服务流程、制定营销策略、提升客户满意度及创新服务模式等方式，企业可以更好地满足市场需求、提升竞争力并实现可持续发展。未来，随着科技的不断进步和消费者需求的不断变化，消费者行为分析将面临新的挑战和机遇。因此，企业需要持续关注市场动态和技术趋势，加强与其他行业的合作与融合，不断探索新的服务模式和商业模式，为消费者提供优质、高效和个性化的物流服务体验。

第二节　物流服务企业的市场与竞争分析

一、竞争者分析

（一）概述

在物流服务行业，竞争者分析是企业制定市场战略、提升竞争力的关键步骤。通过对竞争者的深入了解和分析，企业可以识别自身的优势和不足，制定有效的竞争策略，从而在市场中获得优势地位。本部分内容将详细探讨物流服务企业中竞争者分析的重要性、方法与步骤及应用策略，以期为企业提供实用的竞争者分析框架和工具。

（二）竞争者分析的重要性

1. 制定市场策略

通过对竞争者的分析，企业可以了解市场的竞争格局和趋势，从而制定有针对性的市场策略，如差异化策略、成本领先策略等。

2. 识别市场机会

竞争者分析有助于企业识别市场中的空白点和机会点，从而开发出新的服务产品，满足消费者需求，提升市场份额。

3. 优化资源配置

通过对竞争者的资源和能力进行分析，企业可以了解自身的优势和不足，从而优化资源配置，提升运营效率和服务质量。

（三）竞争者分析的方法与步骤

1. 确定分析目标

在进行竞争者分析前，企业应明确分析的目标和重点，如了解竞争者的市场地位、服务特点、营销策略等。

2. 收集竞争者信息

企业可以通过多种渠道收集竞争者的信息，如市场调研、竞争对手报告、社交媒体等。收集的信息应全面、准确、及时。

3. 分析竞争者策略

企业应对竞争者的市场策略进行深入分析，了解其市场定位、服务特点、价格策略等，从而发现其竞争优势和不足。

4. 评估竞争者实力

企业应对竞争者的实力进行评估，如物流网络覆盖、技术实力、资金状况等，从而判断其市场地位和发展潜力。

5. 制定应对策略

根据对竞争者的分析结果，企业应制定相应的应对策略，如加强自身优势、改进服务不足、开发新服务等。

（四）竞争者分析的应用策略

1. 对标管理

企业可以选取行业内的领先企业作为对标对象，学习其成功经验和管理模式，提升自身竞争力和运营效率。

2. 差异化竞争

通过分析竞争者的服务特点和市场策略，企业可以开发出具有差异化竞争优势的服务产品，满足消费者多样化的需求。

3. 合作与共赢

在竞争激烈的市场环境中，企业可以考虑与竞争者建立合作关系，共同开发市场、分享资源，实现共赢发展。

（五）案例分析

以某知名物流服务企业为例，该企业通过对竞争对手的深入分析，发现了市场中的空白点和机会点，从而推出了具有差异化竞争优势的服务产品。同时，该企业还积极与竞争对手建立合作关系，共同提升行业服务水平和市场竞争力。通过竞争者分析的应用策略，该企业不仅提升了自身的市场份额和盈利能力，还为整个行业的发展作出了积极贡献。

（六）总结与展望

在物流服务行业中，竞争者分析是企业制定市场策略、提升竞争力的关键步骤。通过对竞争者的深入了解和分析，企业可以识别自身的优势和不足，制定有效的竞争策略，从而在市场中获得优势地位。未来随着市场的不断变化和消费者需求的升级，竞争者分析将面临新的挑战和机遇。因此，企业需要持续关注市场动态和技术趋势，加强与其他行业的合作与融合，不断探索新的服务模式和商业模式，为消费者提供优质、高效和个性化的物流服务体验。同时，企业还应加强内部管理及创新提升服务质量和效率，不断增强自身的竞争力和市场地位。

二、市场趋势预测

（一）概述

物流行业作为现代服务业的重要组成部分，其发展趋势与全球经济贸易、科技创新及消费者需求紧密相连。随着全球化和数字化的深入发展，物流行业正面临着前所未有的机遇与挑战。本部分内容将基于对当前物流行业的深入分析，探讨未来物流行业的市场趋势，以期为企业决策者提供有价值的参考。

（二）全球经济贸易的影响

1. 贸易保护主义的挑战

近年来，贸易保护主义抬头，给全球贸易带来不确定性。物流行业作为贸易的重要支撑，将受到贸易政策调整、关税壁垒等因素的影响，需要密切关注国际贸易动态，灵活调整市场策略。

2. 跨境电商的崛起

跨境电商的快速发展，推动了全球贸易的便利化和多元化。物流行业需要紧跟跨境电商的发展步伐，优化国际物流网络，提高跨境配送效率，满足消费者对速度和体验的高要求。

（三）科技创新的驱动

1. 物联网技术的应用

物联网技术在物流行业的应用日益广泛，如智能仓储、智能配送等，提高了物流运作的效率和透明度。未来，物联网技术将与物流行业深度融合，推动物流行业的数字化转型。

2. 人工智能与大数据技术的应用

人工智能和大数据技术的应用，使物流行业能够实现对海量数据的挖掘和分析，提高决策的科学性和准确性。同时，这些技术还有助于优化物流网络、提高运输效率、降低运营成本等。

3. 无人驾驶技术的推广

无人驾驶技术在物流领域的应用逐渐成熟，如无人驾驶货车、无人配送车等，将进一步提高物流运作的自动化和智能化水平。未来，随着技术的不断完善和法规政策的支持，无人驾驶技术将在物流行业得到广泛应用。

（四）消费者需求的变化

1. 对速度与体验的要求提高

随着消费者对购物体验的期望不断提高，物流行业需要持续优化配送速度和服务质量，满足消费者的需求。

2. 对个性化服务的需求增加

消费者对个性化服务的需求日益增强，物流行业需要提供定制化、多元化的服务方案，满足不同消费者的特殊需求。

3. 对环保的要求提升

随着环保意识的提高，消费者对物流行业的环保要求也在不断提升。物流行业需要积极推广绿色物流、循环包装等环保措施，降低对环境的影响。

（五）物流行业市场趋势预测

1. 物流行业数字化转型加速

未来，物流行业将进一步推进数字化转型，通过物联网、人工智能、大数据等技术手段提高运作效率、优化服务体验、降低运营成本。数字化转型将成为物流行业的重要发展趋势。

2. 跨境电商物流成为新增长点

随着跨境电商的快速发展，跨境电商物流将成为物流行业的新增长点。物流服务企业需要积极布局跨境电商物流市场，提升国际物流能力，满足跨境电商的物流需求。

3. 绿色物流成为行业重要发展方向

环保意识的提升将推动绿色物流成为物流行业的重要发展方向。物流服务企业需要关注环保政策、推广绿色包装、优化运输路线等措施，降低物流活动对环境的影响。

4. 智慧物流成为行业发展新动力

智慧物流将成为物流行业发展的新动力。通过物联网、人工智能等技术手段实现物流运作的智能化和自动化，将大幅提高物流效率和服务质量。智慧物流将成为物流行业的重要竞争优势。

（六）总结与展望

综上所述，物流行业未来的市场趋势将受到全球经济贸易、科技创新及消费者需求等因素的影响。数字化转型、跨境电商物流、绿色物流及智慧物流将成为物流行业的重要发展方向。展望未来，物流行业需要紧跟时代步伐，不断创新服务模式和技术应用，以满足不断变化的市场需求和环境挑战。同时，物流行业还需要加强与国际市场的合作与交流，共同推动全球物流业的繁荣与发展。

三、市场机会与威胁分析

（一）概述

物流行业作为连接生产、销售和消费者的桥梁，在全球经济中扮演着至关重要的角色。随着全球化、信息化和数字化的快速发展，物流行业面临着前所未有的市场机会和威胁。本部分内容将对物流行业的市场机会与威胁进行深入分析。

（二）市场机会分析

1. 电子商务的蓬勃发展

电子商务的崛起为物流行业带来了巨大的市场机会。随着网络购物的普及和消费者对购物体验的不断升级，物流行业需要提供更加快速、便捷、可靠的服务，以满足消费者对电子商务物流的高要求。例如，智能快递柜、无人机配送等新型物流模式应运而生，为物流行业提供了新的增长点。

2. 全球供应链的重组与升级

在全球化背景下，供应链的重组与升级为物流行业带来了广阔的发展空间。企业纷纷寻求通过优化供应链管理来降低成本、提高效率。这为物流行业提供了更多的合作机会。同时，随着供应链的日益复杂，物流行业需要不断提升自身的专业能力和服务水平，以满足企业的多样化需求。

3. 绿色物流的兴起

环保意识的提高使得绿色物流成为行业发展的新趋势。政府和企业越来越注重物流活动的环保性能，推动物流行业向绿色、低碳、循环方向发展。这为物流行业提供了新的市场机会，如推广环保包装、优化运输路线、建设绿色仓储设施等。

4. 智慧物流的快速发展

智慧物流是物流行业数字化转型的重要方向，通过物联网、大数据、人工智能等技术手段实现物流运作的智能化和自动化。智慧物流的发展将大幅提高物流效率和服务质量，为企业创造更多的价值。例如，通过智能调度系统优化运输路线、降低空驶率；通过智能仓储系统实现货物的高效存储和快速分拣等。

（三）威胁分析

1. 竞争日益激烈

随着物流行业的快速发展，市场竞争日益激烈。国内外物流服务企业纷纷加大投入，扩大市场份额，这使得企业面临着巨大的竞争压力。为了在竞争中脱颖而出，企业需要不断提升自身的核心竞争力，如降低成本、提高效率、优化服务等。

2. 成本上升与利润空间压缩

物流行业的成本受到多种因素的影响，如燃油价格、人力成本、租金等。随着这些成本的不断上升，物流服务企业的利润空间受到挤压。此外，激烈的市场竞争也进一步压缩了企业的利润空间。因此，物流服务企业需要寻求有效的成本控制策略，如提高运营效率、降低能耗、优化人力资源配置等。

3. 政策与法规的不确定性

物流行业受到政策与法规的严格监管，如环保政策、交通政策、税收政策等。这些政策与法规的不确定性给物流服务企业带来了较大的风险。企业需要密切关注政策动态，及时调整战略和业务模式，以适应政策与法规的变化。

4. 技术变革带来的挑战

智慧物流、绿色物流等新型物流模式的发展对物流服务企业提出了更高的要求。企业需要加大技术研发投入，引进和培养专业人才，以应对技术变革带来的挑战。同时，随着技术的不断进步和应用范围的扩大，物流服务企业还需要关注技术更新换代的速度和成本投入的问题。

（四）总结与展望

综上所述，物流行业面临着诸多市场机会和威胁。企业需要紧抓市场机会，如电子商务的蓬勃发展、全球供应链的重组与升级、绿色物流的兴起及智慧物流的快速发展等，同时积极应对威胁，如竞争日益激烈、成本上升与利润空间压缩、政策与法规的不确定性及技术变革带来的挑战等。

展望未来，物流行业将继续朝着数字化、智能化、绿色化方向发展。企业需要紧跟时代步伐，加大技术投入和人才培养力度，提升自身核心竞争力，以应对市场变化和行业挑战。同时，政府和社会各界也应给予物流行业更多关注和支持，共同推动物流行业的健康发展。

四、营销组合策略制定

（一）概述

在物流行业，营销组合策略的制定是企业实现市场目标、提升品牌影响力和竞争力的关键。通过有效的营销组合策略，企业可以更好地满足客户需求，提升市场份额，从而实现可持续发展。本部分内容将探讨物流行业营销组合策略的制定过程，包括产品策略、价格策略、渠道策略和推广策略的制定。

（二）营销组合策略概述

营销组合策略是企业为了实现营销目标，综合运用产品、价格、渠道和推广四个基本营销手段的策略组合。在物流行业，营销组合策略的制定需要紧密结合行业特点、市场需求和企业实力，以实现最佳的营销效果。

（三）产品策略制定

1. 服务差异化

物流行业的产品主要是物流服务，因此，企业需要通过服务差异化来打造独特的竞争优势。例如，提供定制化、个性化的物流服务，以满足不同客户的需求。

2. 提升服务质量

服务质量是物流行业竞争力的核心。企业应通过提升服务质量，如提高运输效率、降低货损率、优化配送时间等，来增强客户黏性。

3. 创新服务产品

随着市场需求的不断变化，企业应积极创新服务产品，如开展供应链金融服务、搭建物流信息平台等，以拓展新的业务领域。

（四）价格策略制定

1. 成本导向定价

物流服务企业的定价策略应以成本为基础，确保价格能够覆盖成本并实现盈利，同时要关注竞争对手的定价策略，避免因价格过高或过低而导致市场份额流失。

2. 市场导向定价

在市场需求旺盛或竞争激烈的情况下，企业可以采用市场导向定价策略，根据市场需求和竞争状况调整价格。例如，在旺季或特定区域提高价格，以获取更高的利润。

3. 客户价值定价

企业应关注客户价值，根据客户的贡献度和忠诚度来制定差异化的价格策略。对于高价值客户，可以提供更优惠的价格，以维护长期合作关系。

（五）渠道策略制定

1. 直接渠道与间接渠道的结合

物流服务企业可以通过直接渠道（如自有物流网络等）和间接渠道（如合作伙伴、代理商等）相结合的方式拓展市场份额。直接渠道有助于企业更好地掌控物流服务质量和客户关系，而间接渠道则可以借助合作伙伴的资源优势来降低成本，并扩大市场覆盖范围。

2. 线上渠道与线下渠道的融合

随着电子商务的快速发展，线上渠道成为物流行业的重要发展方向。企业可以通过建立官方网站、电商平台等方式拓展线上业务，同时与线下渠道相结合，为客户提供全面、便捷的物流服务体验。

（六）推广策略制定

1. 品牌建设

物流服务企业应注重品牌建设，通过塑造独特的品牌形象和企业文化来增强品牌知名度和美誉度。同时，通过积极参与行业活动、发布行业报告等方式，提升品牌影响力。

2. 内容营销

通过撰写行业分析、案例研究等内容，向潜在客户展示企业的专业能力和服务优势，提高客户对企业的信任度和好感度。

3. 社交媒体营销

利用社交媒体平台（如微博、微信等）开展营销活动，与潜在客户和现有客户建立互动关系，提高品牌曝光度和客户黏性。

4. 合作营销

与上下游企业、同行业企业等建立合作关系，共同开展营销活动，实现资源共享和互利共赢。例如，与电商平台合作开展促销活动，提高物流服务的市场需求。

（七）总结与展望

营销组合策略的制定是物流行业企业实现市场目标、提升竞争力的关键。在制定营销组合策略时，企业应紧密结合行业特点、市场需求和企业实力，综合运用产品、价格、渠道和推广四个基本营销手段。同时，企业要关注市场变化和客户需求的变化，不断优化和调整营销策略组合，以适应市场竞争的变化。展望未来，随着物流行业的不断发展和市场竞争的加剧，营销组合策略的制定将变得更加重要和复杂。因此，物流服务企业需要不断创新和完善营销策略组合，以提高自身的市场竞争力和可持续发展能力。

五、市场进入策略

（一）概述

物流行业作为连接生产、销售和消费者的桥梁，在全球经济中扮演着至关重要的角色。随着全球化和电子商务的快速发展，物流行业市场呈现巨大的增长潜力。然而，在进入新市场时，企业面临着诸多挑战，如市场调研不足、竞争激烈、不熟悉法规政策等。因此，制定一套有效的市场进入策略至关重要。本部分内容将深入探讨物流行业市场进入策略的制定和实施。

（二）市场进入策略概述

市场进入策略是企业为了成功进入新市场而采取的一系列行动和措施。在物流行业，市场进入策略的制定需要考虑多种因素，包括目标市场的特点、企业自身的实力和资源、竞争对手的情况等。有效的市场进入策略可以帮助企业迅速适应新市场环境，提升市场份额和竞争力。

（三）市场进入策略的制定

1. 市场调研与分析

在制定市场进入策略前，企业需要对目标市场进行深入的市场调研与分析。通过收集和分析市场数据、了解消费者需求、评估竞争态势等方式，企业可以更好地把握市场机会和威胁，为制定有针对性的市场进入策略提供依据。

2. 确定市场进入模式

根据目标市场的特点和企业自身实力，企业可以选择不同的市场进入模式，如独资经营、合资经营、并购等。在选择市场进入模式时，企业需要综合考虑多种因素，如投资成本、风险控制、资源整合等。

3. 制定营销策略组合

在市场进入策略中，营销策略组合的制定至关重要。企业需要根据目标市场的需求和竞争态势，制定合适的产品策略、价格策略、渠道策略和推广策略，以确保产品和服务能够迅速获得市场份额。

4. 建立合作伙伴关系

物流行业具有较强的产业关联性，与其他产业和行业的合作对于企业能否成功进入新市场具有重要意义。企业可以积极寻求与上下游企业、同行业企业等建立合作伙伴关系，共同开拓市场、分享资源、降低成本。

5. 遵守法规政策

在进入新市场时，企业需要密切关注目标市场的法规政策，确保自身业务符合当地法律法规的要求。同时，企业还需要了解并遵守国际贸易规则和标准，以避免因违规操作而引发的风险。

（四）市场进入策略的实施与调整

1. 有效执行与监控

市场进入策略的制定只是第一步，有效执行和监控同样重要。企业需要确保各项策略能够得到有效实施，应及时调整和优化策略组合，以应对市场变化。同时，企业应建立有效的监控机制，定期对市场进入策略的执行情况进行评估和反馈，以便及时发现问题并进行改进。

2. 灵活调整与优化

市场环境和企业自身实力都在不断变化，因此市场进入策略也需要随之调整和优化。企业需要根据市场反馈和自身发展情况，灵活调整市场进入策略中的各个组成部分，以适应市场的不断变化并满足客户的需求。

（五）总结与展望

物流行业市场进入策略的制定和实施对于企业的成功发展具有重要意义。通过深入的市场调研与分析、确定合适的市场进入模式、制定有效的营销策略组合、建立合作伙伴关系及遵守法规政策等措施，企业可以顺利进入新市场并取得竞争优势。然而，市场进入策略的制定并非一劳永逸，企业需要不断关注市场变化并灵活调整和优化策略组合，以适应市场的不断发展。展望未来，随着全球化和电子商务的深入推进及物流行业的不断创新和发展，市场进入策略的制定和实施将面临更多的挑战和机遇。

第三节　物流服务企业的市场优化策略

一、市场营销策略调整与优化

（一）概述

在物流行业，市场营销策略的制定与实施是企业取得竞争优势、提升市场份额的关键。然而，随着市场环境的变化和客户需求的多样化，原有的市场营销策略可能不再适应新的形势。因此，及时调整与优化市场营销策略变得至关重要。本部分内容将探讨物流行业市场营销策略的调整与优化方法，以期为企业在激烈的市场竞争中保持领先地位提供指导。

（二）市场营销策略调整与优化的必要性

市场营销策略的调整与优化是企业应对市场变化、提高竞争力的必要手段。物流行业作为服务性行业，其市场营销策略的调整与优化更显得尤为重要。通过不断调整与优化市场营销策略，企业可以更好地满足客户需求，提升品牌形象，拓展市场份额，实现可持续发展。

（三）市场营销策略调整与优化的方法

1. 市场调研与分析

在进行市场营销策略调整与优化前，首先要进行深入的市场调研与分析。通过收集和分析市场数据、了解客户需求、评估竞争态势等信息，企业可以把握市场变化趋势，为策略调整提供依据。

2. 目标市场重新定位

随着市场环境的变化，原有的目标市场可能不再适合企业的发展。因此，企业需要重新定位目标市场，确定新的客户群体和市场定位。通过重新定位目标市场，企业可以精准地满足客户需求，提高市场竞争力。

3. 产品与服务创新

为了满足客户日益多样化的需求，企业需要对产品和服务进行创新。通过研发新产品、优化服务流程、提升服务质量等方式，企业可以为客户提供优质、个性化的物流服务体验。

4. 价格策略调整

价格是影响客户购买决策的重要因素之一。因此，企业需要根据市场需求、竞争态势和成本变化等因素来灵活调整价格策略。通过制定合理的价格策略，企业可以平衡客户需求和企业利润，实现可持续发展。

5. 渠道策略优化

渠道是企业与客户之间的桥梁。为了更好地满足客户需求，企业需要优化渠道策略，拓展销售渠道、提高渠道效率。通过线上线下结合、建立合作伙伴关系等方式，企业可以扩大销售渠道的覆盖面和影响力，提高市场份额。

6. 推广策略创新

推广是提升品牌知名度和吸引客户的重要手段。企业需要创新推广策略，运用新媒体、社交媒体等多元化推广手段，提高品牌曝光度和影响力。同时，通过举办活动、参与展会等方式，企业可以与客户建立更紧密的互动关系，增强品牌忠诚度。

（四）市场营销策略调整与优化的实施步骤

1. 制订调整与优化计划

企业需要根据市场调研与分析结果，制订具体的市场营销策略调整与优化计划。计划中应包括目标市场的重新定位、产品与服务的创新、价格策略的调整、渠道策略的优化及推广策略的创新等方面的内容。

2. 组织实施与监控

企业需要按照调整与优化计划，组织实施新的市场营销策略。同时，企业应建立有效的监控机制，定期对策略实施情况进行评估和反馈。通过监控机制的建立，企业可以及时发现问题并进行改进，确保策略调整与优化的顺利实施。

3. 持续改进与优化

市场营销策略的调整与优化是一个持续的过程。企业需要不断关注市场变化和客户需求的变化，及时调整和改进市场营销策略。通过持续改进与优化，企业可以保持市场竞争力和可持续发展能力。

（五）总结与展望

物流行业市场营销策略的调整与优化是企业应对市场变化、提高竞争力的关键。通过深入的市场调研与分析、重新定位目标市场、创新产品与服务、调整价格策略、优化渠道策略及创新推广策略等方法，企业可以及时调整与优化市场营销策略，以适应市场的不断变化。然而，市场营销策略的调整与优化是一个持续的过程，企业需要不断关注市场变化和客户需求的变化并持续改进与优化策略组合，以提高自身的市场竞争力和可持续发展能力。展望未来，随着物流行业的不断发展和市场竞争的加剧，市场营销策略的调整与优化将变得更加重要和复杂。因此，企业需要不断创新和完善市场营销策略，以适应市场的不断发展和满足客户的需求。

二、市场营销效果评估

（一）概述

在物流行业，市场营销效果评估是衡量企业市场营销活动成功与否的关键环节。通过对市场营销活动的效果进行科学、客观的评估，企业可以了解市场营销策略的实际效果，发现存在的问题和不足，进而为未来的市场营销决策提供有力的数据支持。本部分内容将详细探讨物流行业市场营销效果评估的方法、步骤和注意事项。

（二）市场营销效果评估的重要性

市场营销效果评估不仅有助于企业了解市场营销活动的实际效果，还可以为企业带来多方面的好处。首先，通过评估，企业可以发现市场营销策略的优点和不足，从而及时调整和优化策略，提高市场营销效果。其次，评估结果可以为企业的决策提供数据支持，帮助企业制订科学、合理的市场营销计划。最后，通过评估，企业还可以提升员工的责任感和积极性，促进企业的持续改进和发展。

（三）市场营销效果评估的方法

1. 设定评估指标

在进行市场营销效果评估时，首先需要设定合适的评估指标。常见的评估指标包括销售额、市场份额、客户满意度、品牌知名度等。企业应根据自身的实际情况和市场环境，选择适合的评估指标，确保评估结果的客观性和准确性。

2. 收集数据

设定好评估指标后，企业需要收集相关的数据。数据收集可以通过市场调查、客户反馈、销售数据等渠道进行。在收集数据时，企业应确保数据的真实性和可靠性，避免数据失真对评估结果产生不良影响。

3. 数据分析与解读

在收集数据后，企业需要对数据进行分析和解读。通过对比分析、趋势分析等方法，企业可以了解市场营销活动的实际效果，发现存在的问题和不足。同时，企业还需要对评估结果进行深入解读，找出影响市场营销效果的关键因素。

4. 制定改进措施

基于数据分析与解读的结果，企业需要制定相应的改进措施。改进措施可以包括调整市场营销策略、优化产品与服务、加强客户关系管理等。通过实施改进措施，企业可以进一步提升市场营销效果，实现可持续发展。

（四）市场营销效果评估的注意事项

1. 评估周期的选择

评估周期的选择对于市场营销效果评估至关重要。评估周期过长可能导致信息滞后，无法及时发现问题；而评估周期过短则可能受到偶然因素的影响，导致评估结果失真。因此，企业应根据实际情况和市场环境选择合适的评估周期，确保评估结果的准确性和有效性。

2. 评估方法的科学性

评估方法的科学性直接影响评估结果的准确性和可靠性。企业应选择科学、合理的评估方法，确保评估过程的公正性和客观性。同时，企业还可以借鉴行业内的成功案例和先进经验，不断完善和优化评估方法。

3. 数据质量的保障

数据质量是市场营销效果评估的基础。企业应确保收集到的数据的真实性和可靠性，避免数据失真对评估结果产生不良影响。此外，企业还需要对数据进行有效整理和分析，确保评估结果的准确性和有效性。

（五）总结与展望

物流行业市场营销效果评估是企业持续改进和发展的重要手段。通过对市场营销活动的效果进行科学、客观的评估，企业可以了解市场营销策略的实际效果，发现存在的问题和不足，进而为未来的市场营销决策提供有力的数据支持。然而，市场营销效果评估并非一劳永逸，企业需要持续关注市场变化和客户需求的变化，不断完善和优化评估方法和指标体系。展望未来，随着物流行业的不断发展和市场竞争的加剧，市场营销效果评估将面临更多的挑战和机遇。因此，企业需要不断创新和完善市场营销效果评估体系。

三、市场营销风险管理

（一）概述

在物流行业，市场营销风险管理是确保企业稳健运营和可持续发展的关键环节。由于市场环境的不确定性和复杂性，企业在市场营销过程中面临着各种潜在的风险。因此，建立有效的市场营销风险管理体系，识别、评估、监控和应对风险，对于企业的长期发展具有重要意义。本部分内容将详细探讨物流行业市场营销风险管理的策略、方法和实践，以期为企业提供风险管理方面的指导。

（二）市场营销风险管理的重要性

市场营销风险管理的重要性体现在多个方面。首先，有效的风险管理可以帮助企业减少不必要的损失，保护企业的利益。其次，通过风险管理，企业可以更加准确地识别市场机会和威胁，为制定科学、合理的市场营销策略提供依据。此外，风险管理还有助于提升企业的竞争力和适应能力，使企业在激烈的市场竞争中保持领先地位。

（三）市场营销风险管理的策略

1. 风险识别

风险识别是市场营销风险管理的第一步。企业需要全面、系统地收集和分析市场信息，了解市场环境、竞争对手、客户需求等的变化趋势，从而识别出可能对企业市场营销活动产生不利影响的风险因素。

2. 风险评估

在识别出风险因素后，企业需要对这些风险因素进行评估。评估的内容包括风险的可能性、影响程度及可能造成的损失等。通过风险评估，企业可以确定风险的优先级，为后续的风险应对提供依据。

3. 风险监控与预警

风险监控与预警是市场营销风险管理的关键环节。企业需要建立有效的监控机制，定期对市场营销活动进行风险评估和监控，及时发现和解决潜在的风险问题。同时，企业还需要建立风险预警系统，对可能出现的风险进行预警和预测，以便及时采取措施进行应对。

4. 风险应对与处置

当风险发生时，企业需要迅速、有效地应对和处置风险。风险应对策略包括风险规避、风险降低、风险转移和风险接受等。企业应根据实际情况选择合适的应对策略，确保风险得到及时、有效地控制和处理。

（四）市场营销风险管理的实践方法

1. 完善风险管理制度

企业应建立完善的风险管理制度，明确风险管理的职责、流程和要求。通过制度化管理，可以确保风险管理工作得到有效执行和监控。

2. 加强员工培训与教育

企业应加强对员工的培训和教育，增强员工的风险意识和风险管理能力。培训和教育可以使员工更好地理解和执行风险管理策略和方法。

3. 建立风险管理信息系统

企业应建立风险管理信息系统，实现对市场营销风险的实时监控和预警。通过风险管理信息系统，可以高效地收集、分析和处理风险信息，为风险管理决策提供有力支持。

4. 与合作伙伴共同应对风险

企业应与合作伙伴建立良好的合作关系，共同应对市场营销风险。通过与合作伙伴共同分担风险、共享资源和信息，可以提高整体抗风险能力。

（五）总结与展望

物流行业市场营销风险管理是企业稳健运营和可持续发展的重要保障。通过完善风险管理制度、加强员工培训与教育、建立风险管理信息系统及与合作伙伴共同应对风险等方法，企业可以更加有效地管理市场营销风险，确保企业的长期发展。然而，市场营销风险管理是一个持续的过程，企业需要不断关注市场变化和客户需求的变化，及时调整和优化风险管理策略和方法。展望未来，随着物流行业的不断发展和市场竞争的加剧，市场营销风险管理将面临更多的挑战和机遇。因此，企业需要不断创新和完善市场营销风险管理体系，以适应市场的不断变化并满足客户的需求。

四、客户关系管理与维护

（一）概述

在物流行业，客户关系管理与维护是提升企业核心竞争力、实现可持续发展的关键。优质的客户关系不仅有助于企业稳定现有客户群体，还能吸引潜在客户、扩大市场份额。因此，建立并实施有效的客户关系管理与维护策略对于物流服务企业而言至关重要。本部分内容将深入探讨物流行业客户关系管理与维护的重要性、策略和实践方法。

（二）客户关系管理与维护的重要性

1. 提升客户满意度和忠诚度

通过有效的客户关系管理与维护，企业可以更好地了解客户需求，提供个性化的服务，从而提升客户满意度和忠诚度。满意度高的客户更有可能成为忠诚客户，为企业带来稳定的收益。

2. 增强企业竞争力

在物流行业，客户资源的争夺日益激烈。拥有稳定的客户关系意味着企业能够在竞争中占据有利地位，抵御市场风险，实现稳健发展。

3. 降低营销成本

维护现有客户通常比开发新客户成本更低。通过建立良好的客户关系，企业可以减少营销投入，实现营销资源的优化配置。

（三）客户关系管理与维护的策略

1. 明确客户细分与目标客户定位

物流服务企业应根据客户需求、市场规模和竞争态势等因素，明确客户细分和目标客户定位。通过深入了解目标客户的需求和偏好，企业可以为客户提供更加精准的服务。

2. 建立完善的客户服务体系

企业应建立完善的客户服务体系，包括售前咨询、售中服务和售后服务等环节。通过提供全方位、高质量的服务，企业可以提升客户满意度和忠诚度。

3. 加强客户沟通与互动

企业应积极与客户保持沟通与互动，了解客户的反馈和建议，及时调整服务策略。通过定期的客户回访、满意度调查等方式，企业可以更加深入地了解客户需求，为客户提供更好的服务体验。

4. 运用客户关系管理软件

利用先进的客户关系管理软件，企业可以更加高效地管理客户信息、分析客户行为、预测客户需求。这有助于企业更好地把握市场动态，为客户提供个性化的服务。

（四）客户关系管理与维护的实践方法

1. 提升员工服务意识与技能

企业应加强对员工的培训和教育，提升员工的服务意识和技能水平。通过培养员工的服务精神，确保每个员工都能为客户提供满意的服务。

2. 优化客户服务流程

企业应不断优化客户服务流程，提高服务效率和质量。通过简化流程、缩短响应时间等方式，提升客户满意度。

3. 建立客户忠诚计划

通过建立客户忠诚计划，如积分兑换、会员优惠等，企业可以激励客户保持忠诚。这有助于稳定客户群体，提高客户回头率。

4. 及时处理客户投诉与反馈

企业应高度重视客户投诉与反馈，及时回应并解决问题。通过积极处理客户投诉，企业可以改进服务质量，提升客户满意度。

（五）总结与展望

物流行业客户关系管理与维护是企业实现可持续发展的重要保障。通过明确客户细分与目标客户定位、建立完善的客户服务体系、加强客户沟通与互动及运用客户关系管理软件等策略和方法，企业可以提升客户满意度和忠诚度，增强竞争力，降低营销成本。然而，客户关系管理与维护是一个持续的过程，企业需要不断关注客户需求和市场变化，不断创新和完善管理与维护策略。展望未来，随着物流行业的快速发展和市场竞争的加剧，客户关系管理与维护将面临更多挑战和机遇。因此，物流服务企业需要不断提升服务质量，加强与客户的沟通与互动，以实现长期稳定的客户关系和可持续发展。

五、市场营销战略与规划

（一）概述

在物流行业，市场营销战略与规划是企业取得竞争优势、实现长远发展的关键。随着市场竞争的日益激烈，制定并执行有效的市场营销战略与规划变得尤为重要。本部分内容将深入探讨物流行业市场营销战略与规划的重要性、制定过程、实施策略及挑战与应对策略，以期为企业提供具有指导意义的建议。

（二）市场营销战略与规划的重要性

1. 明确企业发展方向

市场营销战略与规划能够明确企业的发展方向和目标，使企业在市场竞争中保持清晰的战略定位，更好地配置资源，优化业务结构，提高市场竞争力。

2. 提高市场竞争力

有效的市场营销战略与规划能够帮助企业更好地了解市场需求和竞争态势，从而制定更加精准的市场营销策略。通过提供符合市场需求的产品和服务，企业可以提高客户满意度，扩大市场份额，提高市场竞争力。

3. 指导企业日常运营

市场营销战略与规划不仅能为企业提供长远的发展目标，还能为企业的日常运营提供指导。在日常运营中，企业可以根据战略和规划的要求，调整产品策略、价格策略、促销策略等，确保企业运营与战略目标保持一致。

（三）市场营销战略与规划的制定过程

1. 市场分析

在确定市场营销战略与规划前，企业需要对市场进行深入分析。市场分析包括市场规模、市场结构、消费者需求、竞争对手情况等方面的研究。通过市场分析，企业可以了解市场的现状和趋势，为制定战略和规划提供依据。

2. 目标设定

在市场分析的基础上，企业需要设定明确的市场营销目标。目标设定应遵循 SMART 原则，即具体的（Specific）、可衡量的（Measurable）、可达成的（Attainable）、与其他目标有相关性（Relevant）、具有明确的截止期限（Timebound）。目标设定不仅要考虑企业的实际情况，还要结合市场需求和竞争态势。

3. 策略制定

根据目标设定，企业需要制定具体的市场营销策略。策略制定包括产品策略、价格策略、促销策略、渠道策略等。在制定策略时，企业需要考虑产品的特点、市场需求、竞争对手情况等因素，确保策略的有效性和可执行性。

4. 规划实施

在策略制定完成后，企业需要制订详细的实施规划。实施规划包括时间表、责任人、资源分配等方面的安排。通过明确的实施规划，企业可以确保策略的有效执行和目标的顺利实现。

（四）市场营销战略与规划的实施策略

1. 加强团队建设

企业需要建立一支高效的市场营销团队，负责战略与规划的实施。通过加强团队建设，提高团队成员的专业素养和执行能力，确保战略与规划的有效实施。

2. 优化资源配置

企业需要根据战略与规划的要求，优化资源配置。通过合理分配人力、物力、财力等资源，确保战略与规划的实施得到有力支持。

3. 强化市场监控

企业需要建立完善的市场监控体系，对市场动态进行实时监测和分析。通过强化市场监控，企业可以更加及时发现市场变化，调整策略和规划，确保企业始终保持市场竞争优势。

（五）市场营销战略与规划的挑战和应对策略

1. 市场竞争激烈

物流行业竞争激烈，企业需要不断创新和优化市场营销策略，以应对市场竞争的挑战。通过深入了解市场需求和竞争态势，制定差异化的市场营销策略，提高企业在市场中的竞争力。

2. 客户需求多变

客户需求多变是物流行业面临的另一个挑战。企业需要密切关注客户需求的变化，及时调整产品和服务策略，满足客户的个性化需求。通过提供高质量的产品和服务，提高客户满意度和忠诚度。

3. 技术更新迅速

随着科技的不断进步，物流行业正面临着技术更新的挑战。企业需要积极引入新技术，提高运营效率和服务质量。同时，企业还需要加强技术研发和创新，推动物流行业的技术进步和发展。

（六）总结与展望

物流行业市场营销战略与规划是企业取得竞争优势、实现长远发展的关键。通过制定明确的战略和规划，企业可以明确发展方向、提高市场竞争力、指导日常运营。然而，在实施战略与规划的过程中，企业面临着市场竞争、客户需求多变、技术更新迅速等挑战。因此，企业需要不断创新和优化市场营销策略，加强团队建设、优化资源配置、强化市场监控，以应对挑战并实现可持续发展。展望未来，随着物流行业的不断发展和市场竞争的加剧，市场营销战略与规划将变得更加重要。企业需要密切关注市场动态和技术发展趋势，不断调整和优化战略与规划，以适应市场的变化和满足客户的需求。同时，企业还应积极探索新的市场机会和发展空间，拓展业务领域，实现更加广泛的市场覆盖和更加稳健的发展。

第 五 章

物流服务企业营销产品策略

第一节　物流服务企业营销产品策略概述

一、营销产品策略的意义和价值

（一）概述

物流服务企业在当今的商业环境中扮演着至关重要的角色，它们通过提供高效、可靠的物流服务，帮助企业在全球范围内实现商品和信息的快速流动。为了在这个竞争激烈的市场中脱颖而出，物流服务企业需要制定和实施有效的营销产品策略。本部分内容将详细探讨物流服务企业营销产品策略的重要性、关键要素、制定过程及实施策略。

（二）物流服务企业营销产品策略的重要性

1. 满足客户需求

随着全球化的发展，企业对于物流服务的需求越来越多样化。物流服务企业需通过精心策划的营销产品策略，提供符合客户需求的物流服务，从而赢得客户的信任。

2. 提升竞争力

在物流行业中，企业之间的竞争异常激烈。一个成功的营销产品策略可以帮助企业塑造独特的品牌形象，提供差异化的服务，从而在竞争中脱颖而出。

3. 拓展市场份额

通过有效的营销产品策略，物流服务企业可以扩大服务范围，吸引更多的潜在客户，进而拓展市场份额，实现企业的快速发展。

（三）物流服务企业营销产品策略的关键要素

1. 产品定位

物流服务企业应明确自己在市场中的定位，根据自身优势和市场需求，提供有针对性的物流服务。例如，定位为高端市场的企业可提供定制化、高质量的物流服务，以满足高端客户的需求。

2. 服务创新

服务创新是物流服务企业提升竞争力的关键。企业应通过引入新技术、优化流程、提高服务质量等方式，不断推出新的服务产品，满足客户的多样化需求。

3. 品牌建设

品牌建设是营销产品策略的重要组成部分。物流服务企业应通过优质的服务、良好的口碑和专业的形象，塑造独特的品牌形象，提升品牌价值。

（四）物流服务企业营销产品策略的制定过程

1. 市场调研

在制定营销产品策略前，物流服务企业应进行深入的市场调研。通过了解市场需求、竞争对手情况、客户偏好等信息，为策略制定提供数据支持。

2. 目标设定

根据市场调研结果，企业应设定明确的营销目标。目标应具体、可衡量、可达成，并与企业的整体战略相一致。

3. 策略制定

在明确目标后，企业应制定具体的营销产品策略。策略应包括产品定位、服务创新、品牌建设等方面的内容，以确保目标的实现。

4. 评估与调整

在营销产品策略制定后，企业应对其进行评估和调整。通过定期评估策略的执行效果和市场反馈，及时发现问题并进行调整，以确保策略的有效性。

（五）物流服务企业营销产品策略的实施

1. 加强内部协作

营销产品策略的实施需要企业内部各部门的协作配合。企业应建立高效的沟通机制，确保各部门之间的信息共享和协同工作，共同推动策略的实施。

2. 提升员工素质

员工是营销产品策略执行的关键。企业应加强对员工的培训和教育，增强员工的专业素质和服务意识，确保策略的有效执行。

3. 优化资源配置

企业应根据策略的需要，优化资源配置。通过合理分配人力、物力、财力等资源，确保策略实施的顺利进行。

4. 强化市场推广

市场推广是营销产品策略成功实施的重要保障。企业应通过广告、公关、促销等手段，加强对产品和服务的宣传推广，提高市场知名度和影响力。

（六）总结与展望

物流服务企业营销产品策略的制定与实施对于企业的长期发展具有重要意义。通过明确产品定位、服务创新和品牌建设等关键要素，制定科学合理的策略并付诸实践，企业可以在激烈的市场竞争中脱颖而出，实现可持续发展。然而，随着市场的不断变化和客户需求的日益多样化，物流服务企业需要不断调整和优化营销产品策略，以适应市场的变化。展望未来，物流服务企业应继续关注市场动态和技术发展趋势，加强创新和服务质量提升，不断完善营销产品策略，以应对市场的挑战和机遇。同时，企业还应积极探索新的市场机会和发展空间，拓展业务领域，寻求更加稳健的发展。

二、产品组合与产品线管理

（一）概述

在物流服务企业中，产品组合与产品线管理是市场营销策略的核心组成部分。合理的产品组合和产品线管理不仅可以满足客户的多样化需求，还可以提高企业的市场占有率和盈利能力。本部分内容将详细探讨产品组合与产品线管理的概念、重要性、制定策略及实施方法，以期为物流服务企业在产品组合与产品线管理方面提供有益的指导。

（二）产品组合与产品线管理概述

1. 产品组合

产品组合是指企业所经营的全部产品线、产品项目的组合。产品组合具有一定的宽度、长度、深度和密度。合理的产品组合可以实现企业资源的优化配置，提高市场竞争力。

2. 产品线

产品线是指一组密切相关、具有相同功能或用途的产品。产品线管理涉及产品的开发、定位、推广和销售等方面。通过有效的产品线管理，企业可以更好地满足客户需求，提高市场份额。

（三）产品组合与产品线管理的重要性

1. 满足客户需求

通过合理的产品组合与产品线管理，企业可以为客户提供更加全面、多样化的物流服务。这不仅可以满足客户的个性化需求，还可以提高客户的满意度和忠诚度。

2. 优化资源配置

通过对产品组合和产品线进行合理规划和管理，企业可以有效利用资源，提高资源利用效率。这有助于降低企业成本，提高盈利能力。

3. 提高市场竞争力

合理的产品组合与产品线管理可以使企业在市场中形成独特的竞争优势。通过提供差异化、高质量的产品和服务，企业可以在激烈的市场竞争中脱颖而出。

（四）产品组合与产品线管理的策略制定

1. 市场调研与分析

在制定产品组合与产品线管理策略前，企业需要进行深入的市场调研与分析。通过了解市场需求、竞争对手情况、客户偏好等信息，为策略制定提供数据支持。

2. 确定产品组合策略

根据市场调研结果，企业应确定合适的产品组合策略。策略可以包括扩大产品组合、缩减产品组合、调整产品组合结构等。企业应根据自身资源和市场需求选择适合的产品组合策略。

3. 优化产品线结构

产品线结构的优化是产品组合与产品线管理的关键。企业应对现有产品线进行评估和调整，优化产品线的组合和布局。同时，企业还应关注新产品的研发和推广，以满足客户需求。

4. 制定营销策略

针对不同的产品线和产品项目，企业应制定具体的营销策略。策略可以包括定价策略、促销策略、渠道策略等。通过制定有针对性的营销策略，企业可以更好地推广和销售产品，提高市场份额和盈利能力。

（五）产品组合与产品线管理的实施方法

1. 加强内部沟通与协作

产品组合与产品线管理的实施需要企业内部各部门的沟通与协作。企业应建立高效的沟通机制，确保各部门之间的信息共享和协同工作。通过加强内部沟通与协作，企业可以更好地协调资源、优化流程、提高效率。

2. 完善组织架构与流程

为了更好地实施产品组合与产品线管理策略，企业应完善组织架构和流程。通过明确各部门职责、优化流程设计、提高流程效率等方式，确保策略的有效执行和落地。

3. 强化人员培训与能力提升

员工是产品组合与产品线管理策略执行的关键。企业应加强对员工的培训和能力提升，提高员工的专业素质和执行能力。通过强化人员培训和能力提升，员工可以更好地理解和执行策略，确保策略的顺利实施。

4. 建立评价与反馈机制

为了评估产品组合与产品线管理策略的执行效果和市场反馈，企业应建立评价与反馈机制。通过定期评估策略的执行情况和市场反馈，及时发现问题并进行调整和优化，确保策略的持续有效。

（六）总结与展望

产品组合与产品线管理是物流服务企业市场营销策略的重要组成部分。通过合理的产品组合与产品线管理，企业可以满足客户需求、优化资源配置、提高市场竞争力。在实施策略时，企业应注重市场调研与分析、确定合适的产品组合策略、优化产品线结构及制定有针对性的营销策略。同时，企业还应加强内部沟通与协作、完善组织架构与流程、强化人员培训与能力提升及建立评价与反馈机制等方面的工作。展望未来，随着市场的不断变化和客户需求的升级，物流服务企业需要不断调整和优化产品组合与产品线管理策略，以适应市场的变化。

三、产品生命周期管理

（一）概述

在物流服务领域，产品生命周期管理（Product Lifecycle Management，PLM）是一个至关重要的概念。它涉及从产品的设计、开发、生产、销售到退役的全过程管理，旨在确保产品在整个生命周期内最大化满足客户需求，同时实现企业的经济效益和社会效益。对于物流服务企业而言，产品生命周期管理不仅关乎产品或服务的质量，还关乎企业的竞争力和可持续发展。本部分内容将详细探讨产品生命周期管理在物流服务中的应用，包括其定义、重要性、实施策略及面临的挑战与解决方案。

（二）产品生命周期管理的定义与重要性

1. 定义

产品生命周期管理是一种系统性的管理方法，它涉及产品的整个生命周期，包括规划、设计、开发、生产、销售、服务、维护和升级等阶段。在物流服务领域，产品生命周期管理主要关注物流服务或产品的规划、设计、实施、优化和终止等阶段。

2. 重要性

提高客户满意度：通过在整个生命周期内持续满足客户需求，产品生命周期管理有助于提高客户满意度和忠诚度。

优化资源配置：通过对产品或服务的生命周期进行全面管理，企业可以合理配置资源，降低成本，提高效益。

增强市场竞争力：通过不断创新和优化产品或服务，企业可以在激烈的市场竞争中脱颖而出，占据有利地位。

促进可持续发展：产品生命周期管理强调环境保护和社会责任，有助于实现企业的可持续发展目标。

（三）产品生命周期管理在物流服务中的实施策略

1. 规划阶段

在规划阶段，物流服务企业需要明确产品或服务的目标市场、客户需求、竞争对手情况及自身的资源和能力。通过市场调研和分析，制订符合市场需求和企业战略的产品规划。

2. 设计阶段

在设计阶段，物流服务企业需要针对目标市场和客户需求，设计出具有竞争力的产品或服务方案。设计方案应充分考虑产品的功能、性能、成本、可靠性及环保等因素。

3. 实施阶段

在实施阶段，物流服务企业需要将设计方案转化为实际的产品或服务。这包括采购、生产、运输、仓储等环节。企业需要确保产品或服务的质量、成本和交货期，以满足客户需求。

4. 优化阶段

在优化阶段，物流服务企业需要不断收集客户反馈和市场信息，对产品或服务进行持续改进和优化。通过技术创新、流程优化、质量提升等手段，提高产品或服务的竞争力和市场份额。

5. 终止阶段

在终止阶段，物流服务企业需要妥善处理产品或服务的退役事宜。这包括废旧物品的回收、处理及再利用等环节。企业需要确保退役过程符合环保法规和社会责任要求。

（四）面临的挑战与解决方案

1. 面临的挑战

客户需求多样化：不同客户对物流服务的需求各异，如何满足客户的个性化需求是一大挑战。

技术更新换代快：物流技术不断发展和更新，如何跟上技术更新换代的步伐并将其应用于实际业务中是另一大挑战。

环保法规日益严格：随着环保法规的日益严格，如何在满足客户需求的同时实现绿色、环保的物流服务目标是一大难题。

2. 解决方案

加强市场调研：通过深入了解客户需求和市场动态，制定灵活多样的物流服务方案，满足不同客户的个性化需求。

技术创新与应用：加大技术创新力度，关注新技术、新模式的研发和应用，提升物流服务的智能化、自动化水平。

绿色物流建设：积极推动绿色物流建设，采用环保材料、节能技术等来降低物流活动对环境的影响。

（五）总结与展望

产品生命周期管理在物流服务中发挥着重要作用，它有助于提高客户满意度、优化资源配置、增强市场竞争力及促进可持续发展。然而，在实施过程中，物流服务企业需要面临诸多挑战，如客户需求多样化、技术更新换代快及环保法规日益严格等。为应对这些挑战，企业需要加强市场调研、技术创新与应用及绿色物流建设等方面的工作。展望未来，随着物联网、大数据、人工智能等技术的不断发展，产品生命周期管理在物流服务中的应用将更加广泛和深入。物流服务企业应抓住机遇，积极探索新的管理模式和技术手段，不断提升自身的竞争力和可持续发展能力。

四、新产品开发与推广

（一）概述

在物流服务领域，新产品开发与推广是推动企业持续创新和发展的重要手段。随着市场环境的不断变化和客户需求的日益多样化，新产品开发与推广成为物流服务企业获取竞争优势、拓展市场份额的关键途径。本部分内容将详细探讨新产品开发与推广在物流服务中的策略与实践，包括新产品开发的重要性、开发流程、市场推广策略及面临的挑战与解决方案等。

（二）新产品开发的重要性

1. 满足客户需求

新产品开发能够直接回应市场的变化和客户的需求。通过不断推出符合市场趋势和客户期望的新产品或服务，物流服务企业能够巩固现有客户群，吸引潜在客户，提升客户满意度，满足客户需求。

2. 增强企业竞争力

新产品开发有助于企业在激烈的市场竞争中脱颖而出。创新的产品或服务能够形成企业的独特竞争优势，提升企业在行业中的地位和影响力，增强企业竞争力。

3. 拓展市场份额

新产品推广能够扩大企业的市场份额。通过有效的市场推广策略，将新产品的优势和特点传递给目标客户，吸引更多客户选择企业的产品或服务，从而拓展市场份额。

（三）新产品开发流程

1. 市场调研与分析

在新产品开发之前，进行深入的市场调研与分析是至关重要的。通过了解市场需求、竞争对手情况及潜在客户的期望，为新产品开发提供数据支持。

2. 产品概念设计

产品概念设计应基于市场调研结果来进行。这一阶段需要明确新产品的功能、特点、定位等，确保产品符合市场需求和客户期望。

3. 产品开发与测试

在产品设计完成后，进入产品开发与测试阶段。这一阶段需要对产品的性能、质量、可靠性等进行全面测试，确保产品能够满足市场需求和客户期望。

4. 产品上市准备

在产品测试通过后，进行产品上市准备工作。这包括制定市场推广策略、准备营销材料、培训销售人员等，为产品的成功上市做好充分准备。

（四）市场推广策略

1. 定位策略

明确新产品的市场定位和目标客户群，确保市场推广活动的针对性和有效性。

2. 渠道策略

选择适合新产品的市场推广渠道，包括线上渠道（如社交媒体、搜索引擎营销等）和线下渠道（如展会、行业论坛等），确保目标客户能够接收到产品的信息。

3. 品牌传播

通过品牌传播活动，提升新产品的知名度和美誉度。这包括举办发布会、参与行业活动等，增加产品在市场中的曝光度。

4. 促销策略

通过制定有效的促销策略，吸引目标客户购买新产品。这包括提供优惠政策、举办促销活动、赠送礼品等，激发客户的购买意愿。

（五）面临的挑战与解决方案

1. 面临的挑战

市场风险：新产品开发与推广面临市场接受度低、竞争激烈等风险。

技术难题：新产品开发可能涉及复杂的技术问题，需要投入大量研发资源。

成本压力：新产品开发与推广需要投入大量资金，对企业的财务状况造成压力。

2. 解决方案

市场调研与预测：通过深入的市场调研和分析，预测市场趋势和了解客户需求，降低市场风险。

技术创新与合作：加强技术创新和研发投入，同时寻求与合作伙伴的技术合作，共同攻克技术难题。

成本控制与优化：合理控制新产品开发与推广的成本，通过优化流程、提高效率等方式降低成本。

（六）总结与展望

新产品开发与推广在物流服务中具有重要的战略意义。通过深入的市场调研与分析、科学的新产品开发流程及有效的市场推广策略，物流服务企业可以成功推出符合市场需求的新产品，拓展市场份额，提升竞争力。然而，新产品开发与推广过程中仍面临诸多挑战，企业需要积极应对并寻求解决方案。展望未来，随着科技的不断进步和市场环境的变化，新产品开发与推广将成为物流服务企业持续创新和发展的重要动力。企业应抓住机遇，加强技术创新和研发投入，不断提升新产品开发与推广的能力，为企业的长远发展奠定坚实基础。

五、产品品牌与包装设计

（一）概述

在物流服务领域，产品品牌与包装设计对于提升企业形象、增强产品吸引力及促进销售至关重要。一个成功的产品品牌与包装设计不仅能够有效传达产品的核心价值，还能在竞争激烈的市场中脱颖而出，以吸引更多消费者的关注。本部分内容将详细探讨产品品牌与包装设计在物流服务中的策略与实践，包括品牌建设的重要性、包装设计的原则、实施策略及面临的挑战与解决方案等。

（二）品牌建设的重要性

1. 提升企业形象

品牌建设是企业形象塑造的重要组成部分。一个具有独特性和辨识度的品牌能够让消费者对企业产生深刻的印象，从而提升企业的知名度和美誉度。

2. 增强产品吸引力

品牌是产品的重要标识，能够直接影响消费者的购买决策。一个具有吸引力的品牌能够提高消费者对产品的兴趣，提高购买意愿。

3. 促进销售

品牌建设有助于建立消费者对企业的信任感，从而促进销售，增加产品的销售量。一个具有良好口碑的品牌能够吸引更多消费者，提高市场占有率。

（三）包装设计的原则

1. 保护产品

包装设计应确保产品在运输和存储过程中的安全性和完整性，防止其损坏和变质。

2. 传达信息

包装设计应清晰地传达产品的名称、规格、生产日期、保质期等必要信息，便于消费者了解产品详情。

3. 吸引眼球

包装设计应具有吸引力和创新性，以引起消费者的注意和兴趣。通过独特的色彩、图案和造型等元素，包装在众多产品中脱颖而出。

4. 符合法规

包装设计应符合相关法规和标准，以确保产品的合法性和合规性。

（四）实施策略

1. 品牌定位

明确品牌定位和目标市场，确保品牌与目标消费者的需求和期望相符。

2. 品牌传播

通过广告、宣传、社交媒体等渠道，积极传播品牌的价值和特色，提高品牌的知名度和美誉度。

3. 包装设计创新

不断进行包装设计创新，以满足市场的变化和消费者的需求。尝试新的材料、工艺和设计方法，打造独特的包装风格。

4. 用户反馈与调整

收集用户反馈，了解消费者对品牌和包装设计的看法和建议。根据用户反馈结果，及时调整品牌策略和包装设计，以满足消费者的需求。

（五）面临的挑战与解决方案

1. 面临的挑战

品牌同质化：在竞争激烈的市场中，品牌之间的差异逐渐减小，品牌同质化严重，容易导致消费者混淆。

成本压力：高质量的包装设计往往需要投入更多的成本，会对企业的财务状况造成压力。

法规限制：包装设计需要遵守众多法规和标准，可能会对企业的创意和自由度造成限制。

2. 解决方案

强化品牌特色：通过独特的品牌故事、文化内涵等方式，塑造独特的品牌形象，提高品牌的辨识度。

优化成本控制：在包装设计过程中，应合理控制成本，寻求性价比最优的方案。同时，应关注包装设计的可持续性，降低资源浪费和环境污染。

深入了解法规：在包装设计前，应充分了解相关法规和标准，确保设计符合法规要求。同时，应关注法规的动态变化，及时调整包装设计策略。

（六）总结与展望

产品品牌与包装设计在物流服务中扮演着举足轻重的角色。通过明确品牌定位、传播品牌价值、创新包装设计和关注用户反馈等策略，企业可以塑造具有吸引力和竞争力的品牌形象和包装设计，从而提升企业形象、增强产品吸引力及促进销售。然而，在实施过程中，企业仍面临品牌同质化、成本压力和法规限制等挑战。因此，企业需要不断探索和创新，寻求解决方案，以应对市场变化和消费者需求的变化。展望未来，随着科技的进步和消费者需求的不断升级，产品品牌与包装设计将在物流服务中发挥更加重要的作用。

第二节 物流服务企业的产品管理

一、产品差异化策略

（一）概述

在当今高度竞争的市场环境中，产品差异化策略已成为企业获取竞争优势、提升市场份额的关键手段。对于物流服务企业而言，产品差异化不仅能够满足客户的多样化需求，还能够塑造独特的品牌形象，增强企业的核心竞争力。本部分内容将详细探讨产品差异化策略在物流服务中的应用，包括其重要性、实施方法、面临的挑战与解决方案等。

（二）产品差异化策略的重要性

1. 满足客户需求

随着市场竞争的加剧，客户对物流服务的需求日益多样化。产品差异化策略能够帮助企业更好地满足客户的个性化需求，提升客户满意度。

2. 塑造独特品牌形象

通过产品差异化，企业可以塑造独特品牌形象，企业在市场中脱颖而出，增加客户对企业的认知和忠诚度。

3. 提升竞争力

产品差异化策略能够使企业在服务质量、价格、交货期等方面形成竞争优势，提升企业在市场中的竞争力。

（三）产品差异化策略的实施方法

1. 服务创新

通过引入新技术、优化服务流程、提升服务质量等方式，实现服务创新，满足客户的多样化需求。

2. 定制化服务

根据客户的具体需求，提供定制化的物流服务方案，以满足客户的个性化需求。

3. 品牌建设

通过塑造独特的品牌形象，传递企业的核心价值观和服务理念，增加客户对企业的认知和忠诚度。

4. 营销策略

运用不同的营销策略（如价格策略、促销策略等）来提升产品的差异化程度，吸引更多客户。

（四）面临的挑战与解决方案

1. 面临的挑战

高昂的创新成本：服务创新需要投入大量的人力、物力和财力，会对企业的财务状况造成压力。

客户需求的快速变化：客户需求的快速变化要求企业不断调整产品差异化策略，以适应市场的变化。

竞争对手的模仿：竞争对手可能会模仿企业的产品差异化策略，从而降低企业的竞争优势。

2. 解决方案

合理规划创新投入：企业应根据自身财务状况和市场需求，合理规划创新投入，确保创新活动的可持续性。

紧密关注客户需求变化：通过定期的市场调研和客户反馈，紧密关注客户需求的变化，及时调整产品差异化策略。

构建核心竞争力：企业应通过不断创新技术和优化服务，构建自身的核心竞争力，防止竞争对手的模仿。

（五）案例分析

以某知名物流服务企业为例，该企业通过引入先进的物流技术、优化服务流程、提供定制化的物流解决方案等方式，实现了产品的差异化。这使得该企业在市场竞争中脱颖而出，吸引了大量客户，实现了业务的高速增长。同时，该企业还通过不断的市场调研和客户反馈，不断调整产品差异化策略，以满足市场的变化和客户的需求。

（六）总结与展望

产品差异化策略在物流服务中具有重要的应用价值。通过服务创新、定制化服务、品牌建设和营销策略等实施方法，企业可以实现产品的差异化，满足客户的多样化需求，塑造独特的品牌形象，提升竞争力。然而，在实施过程中，企业面临着高昂的创新成本、客户需求的快速变化和竞争对手的模仿等挑战。因此，企业需要用合理规划创新投入、紧密关注客户需求变化、构建核心竞争力等解决方案来应对这些挑战。展望未来，随着科技的不断进步和市场的不断变化，产品差异化策略将在物流服务中发挥更加重要的作用。

二、产品定价策略

（一）概述

产品定价策略是物流服务企业运营中的核心要素之一，它不仅直接关系企业的盈利能力和市场竞争力，还是连接企业与消费者之间的桥梁。合理的产品定价策略既能够确保企业获得稳定的收益，又能满足消费者的期望和需求。本部分内容将深入探讨产品定价策略在物流服务中的应用，包括定价目标与策略、定价方法与考虑因素及定价调整与优化等。

（二）定价目标与策略

1. 定价目标

物流服务企业的定价目标通常包括实现利润最大化、扩大市场份额、维持或提升品牌形象等。企业应根据自身的市场定位、竞争环境及消费者需求来设定合适的定价目标。

2. 定价策略

常见的定价策略包括成本导向定价、竞争导向定价、需求导向定价等。企业应根据产品特性、市场需求及竞争状况选择适合的定价策略。

（三）定价方法与考虑因素

1. 成本导向定价

成本导向定价以产品成本为基础，加上期望的利润率来确定价格。在物流服务中，成本包括运输成本、仓储成本、人力成本等。企业需要明确核算成本，以确保定价的合理性。

2. 竞争导向定价

竞争导向定价以竞争对手的价格为参考，根据自身的竞争优势和市场份额来确定价格。企业需密切关注竞争对手的定价策略，以制定合理的价格。

3. 需求导向定价

需求导向定价以消费者需求和市场状况为依据，根据消费者的支付意愿和购买能力来确定价格。企业需通过市场调研和分析，了解消费者的需求变化，以制定符合市场需求的定价策略。

4. 考虑因素

在制定定价策略时，企业还需考虑以下因素：产品特性、市场需求、竞争环境、政策法规、品牌形象等。这些因素将直接影响定价策略的制定和实施效果。

（四）定价调整与优化

1. 市场动态调整

随着市场环境和消费者需求的变化，企业应及时调整定价策略。例如，当市场需求增加时，可以适当提高价格；当竞争加剧时，可以降低价格，以吸引客户。

2. 客户价值优化

企业应关注客户价值，通过提供增值服务、优化服务质量等方式，提升产品的附加值，从而为消费者创造更大的价值。这将有助于提高消费者的支付意愿和忠诚度，实现企业与消费者的双赢。

3. 价格歧视策略

根据不同消费者群体的需求和支付能力，企业可以采用价格歧视策略，为不同消费者提供差异化的价格。这有助于扩大市场份额和提高整体收益。

（五）挑战与应对策略

1. 成本波动

物流服务中的成本波动可能导致定价策略的不稳定。企业应建立完善的成本管理体系，通过精细化的成本核算和控制来降低成本波动的影响。

2. 竞争压力

激烈的市场竞争可能对定价策略造成压力。企业应加强自身的竞争力建设，通过创新服务、提升品质等方式，提升市场份额和定价能力。

3. 政策法规变化

政策法规的变化可能对定价策略产生影响。企业应密切关注政策法规的动态变化，及时调整定价策略，以符合法规要求。

（六）总结与展望

产品定价策略在物流服务中具有重要的应用价值。企业应根据自身的市场定位、竞争环境及消费者需求来制定合适的定价策略，并不断优化和调整以适应市场变化。同时，企业还应关注成本管理、竞争力提升及政策法规变化等因素对定价策略的影响，并采取相应的应对策略。展望未来，随着物流行业的不断发展和市场竞争的加剧，产品定价策略将在物流服务中发挥更加重要的作用。企业应抓住机遇，加强定价策略的研究和实践，为企业的长远发展奠定坚实基础。

三、产品质量与安全管理

（一）概述

在物流服务中，产品质量与安全管理是至关重要的。它不仅关系企业的声誉和客户的满意度，还直接影响企业的竞争力和长期发展。随着市场竞争的加剧和客户需求的多样化，物流服务企业越来越注重产品质量与安全管理的提升。本部分内容将详细探讨产品质量与安全管理在物流服务中的应用，包括其重要性、关键要素与实施策略及面临的挑战与解决方案等。

（二）产品质量与安全管理的重要性

1. 维护企业声誉

高质量的产品和服务是塑造和提升企业声誉的关键因素。通过严格的质量与安全管理，企业可以确保所提供服务的可靠性和稳定性，从而赢得客户的信任和忠诚。

2. 满足客户需求

随着客户对物流服务需求的不断提高，他们对产品质量和安全性的要求也越来越高。优质的产品质量与安全管理能够满足客户的需求，提升客户满意度。

3. 提升竞争力

在激烈的市场竞争中，优质的产品质量与安全管理可以成为企业的竞争优势。通过不断改进和提升产品质量与安全管理水平，企业可以提升竞争力，在市场中脱颖而出，吸引更多客户。

（三）关键要素与实施策略

1. 质量管理体系建设

建设质量管理体系是确保产品质量与安全的基础。企业应制定完善的质量管理制度，明确质量标准和检验流程，确保服务质量的稳定和可靠。

2. 员工培训与教育

员工是产品质量与安全管理的核心力量。企业应加强对员工的培训和教育，增强他们的质量意识和安全意识，确保他们在实际工作中能够遵循质量标准和安全规范。

3. 供应链管理与合作

物流服务涉及多个环节和供应链合作伙伴。企业应建立有效的供应链管理机制，与合作伙伴共同确保产品和服务的质量与安全。通过加强与供应商、承运商等相关方的沟通与合作，形成共同的质量与安全保障体系。

4. 持续改进与创新

随着市场环境和客户需求的变化，企业应持续改进和创新产品质量与安全管理。通过收集客户反馈、分析市场趋势、引入新技术等方式，不断优化产品和服务，满足客户的期望和需求。

（四）面临的挑战与解决方案

1. 面临的挑战

质量与安全标准不断提高：随着市场和客户对物流服务质量和安全性的要求不断提高，企业需要不断更新和提升自身的质量与安全标准。

供应链风险与不确定性：供应链中的风险和不确定性可能对产品质量与安全管理造成影响。例如，供应商的质量问题、运输过程中的损坏等。

人员素质与管理水平：员工素质和管理水平对产品质量与安全管理至关重要。然而，在实际操作中，由于人员素质参差不齐和管理水平有限，可能导致质量与安全问题的发生。

2. 解决方案

持续优化质量与安全标准：企业应密切关注市场和客户的需求变化，及时更新和提升自身的质量与安全标准。通过引入国际标准、参与行业认证等方式，不断提升产品和服务的质量和安全性。

加强供应链风险管理：企业应建立完善的供应链风险管理机制，对供应商、承运商等相关方进行严格的筛选和评估。同时加强与供应链合作伙伴的沟通与协作，共同应对风险和挑战。

提升员工素质与管理水平：企业应加强对员工的培训和教育，增强他们的质量意识和安全意识，同时建立完善的管理制度和激励机制，激发员工的积极性和创造力，确保产品质量与安全管理的有效实施。

（五）总结与展望

产品质量与安全管理在物流服务中具有重要的应用价值。通过建设质量管理体系、加强员工培训与教育、优化供应链管理与合作及持续改进与创新等策略，企业可以提升产品质量与安全管理水平，满足客户需求，维护企业声誉，提升竞争力。然而，在实施过程中企业面临着诸多挑战和问题。因此，企业需要不断探索和实践新的管理方法和技术手段，加强与相关方的沟通与协作，共同推动物流行业的产品质量与安全管理水平不断提升。展望未来，随着科技的不断进步和市场的不断发展，产品质量与安全管理将在物流服务中发挥更加重要的作用。

四、产品创新与升级

（一）概述

在当今快速变化的市场环境中，产品创新与升级已成为企业持续发展和保持竞争力的关键。对于物流服务企业而言，产品创新与升级不仅意味着服务质量和效率的提升，更代表着对客户需求变化的快速响应和市场趋势的敏锐洞察。本部分内容将详细探讨产品创新与升级在物流服务中的应用，包括其重要性、创新策略与升级路径及面临的挑战与解决方案等。

（二）产品创新与升级的重要性

1. 适应市场需求变化

随着市场竞争的加剧和消费者需求的多样化，物流服务企业需要不断创新与升级产品，以满足市场的变化和客户的需求。通过引入新技术、优化服务流程、提升服务质量等方式，企业可以更好地适应市场需求，提升客户满意度。

2. 提升竞争力

产品创新与升级能够帮助企业在市场中形成独特的竞争优势。通过提供差异化、个性化的服务，企业可以吸引更多客户，扩大市场份额，提升竞争力。

3. 促进长期发展

产品创新与升级是企业持续发展的重要动力。通过不断创新与升级，企业可以保持与时俱进，提升品牌形象，实现长期发展。

（三）创新策略与升级路径

1. 技术创新

引入先进的技术和设备是产品创新与升级的关键。例如，利用人工智能、大数据、物联网等先进技术，可以提升物流服务的智能化、自动化水平，提高服务质量和效率。

2. 服务流程优化

对服务流程进行优化和改进，可以提高物流服务的效率和质量。例如，优化仓储管理、运输路线规划、信息跟踪等方面的流程，可以减少时间和成本，提升客户满意度。

3. 个性化服务开发

针对不同客户的需求和偏好，开发个性化的服务产品是提升竞争力的有效手段。例如，提供定制化的物流解决方案、增值服务等，可以满足客户的特殊需求，提升客户满意度和忠诚度。

4. 持续改进与创新文化培育

企业应建立持续改进与创新文化培育的机制，鼓励员工提出创新想法和建议。通过设立创新基金、举办创新竞赛等方式，激发员工的创新热情，推动产品创新与升级的持续进行。

（四）面临的挑战与解决方案

1. 面临的挑战

技术更新迅速：随着科技的快速发展，物流服务企业需要不断跟进新技术，以保持竞争优势。然而，新技术的引入和应用需要投入大量的人力、物力和财力，对企业的财务状况和技术能力构成挑战。

客户需求多样化：客户需求的多样化要求物流服务企业提供更加个性化、差异化的服务。然而，满足不同客户的需求需要企业具备强大的服务能力和创新能力。这对企业的运营和管理提出了更高的要求。

市场竞争激烈：物流服务市场竞争激烈，企业需要不断创新与升级产品，以吸引客户。然而，在竞争激烈的市场环境中，企业面临的重要问题是如何脱颖而出、保持领先地位等。

2. 解决方案

合理规划技术投入：企业应根据自身的财务状况和技术能力，合理规划新技术的引入和应用。通过与技术供应商的合作、参与行业交流等方式，了解最新的技术动态和市场趋势，确保技术投入的合理性和有效性。

强化客户需求分析与响应能力：企业应加强客户需求分析，深入了解客户的痛点和需求变化，提供个性化的服务方案。同时，企业应建立完善的客户反馈机制，及时响应客户需求，持续改进服务质量。

构建创新文化与团队：企业应培育创新文化，鼓励员工提出创新想法和建议。通过设立创新基金、举办创新竞赛等方式，激发员工的创新热情。同时，企业应建立具备强大服务能力和创新能力的团队，为产品创新与升级提供有力支持。

（五）总结与展望

产品创新与升级在物流服务中具有重要的应用价值。通过技术创新、服务流程优化、个性化服务开发及持续改进与创新文化培育等策略，企业可以提升产品质量与安全性、满足市场需求变化、提升竞争力并实现长期发展。然而，在实施过程中企业面临着技术更新迅速、客户需求多样化和市场竞争激烈等挑战。因此，企业需要合理规划技术投入、强化客户需求分析与响应能力、构建创新文化与团队等解决方案来应对这些挑战。展望未来，随着科技的不断进步和市场的不断发展，产品创新与升级将在物流服务中发挥更加重要的作用。

五、产品供应链管理

（一）概述

在物流服务中，产品供应链管理是至关重要的环节。它涉及从供应商到最终消费者的整个产品流通过程，包括采购、生产、物流、销售等环节的协调与管理。有效的产品供应链管理能够确保产品的及时供应、降低成本、提高质量，进而增强企业的竞争力。本部分内容将详细探讨产品供应链管理在物流服务中的应用，包括其重要性、关键要素与优化策略及面临的挑战与解决方案等。

（二）产品供应链管理的重要性

1. 确保产品及时供应

产品供应链管理能够协调各个环节的工作，确保产品从供应商到最终消费者的流通顺畅。通过有效的供应链管理，企业可以预测和应对市场需求的变化，及时调整生产计划和物流安排，确保产品的及时供应。

2. 降低成本

通过优化供应链管理，企业可以降低采购成本、运输成本、库存成本等，提高企业的经济效益。同时，有效的供应链管理还可以减少浪费和损失，降低企业的经营风险。

3. 提高产品质量

供应链管理涉及产品的生产、检验、包装等环节。通过加强对供应商的管理和质量控制，企业可以确保产品的质量符合标准和客户要求，提高客户满意度和忠诚度。

（三）关键要素与优化策略

1. 供应商选择与管理

供应商是产品供应链的重要环节。企业应建立完善的供应商评价体系，对供应商的质量、价格、交货期等方面进行评估和选择。同时，企业应加强与供应商的沟通与协作，建立长期稳定的合作关系，确保产品的稳定供应和质量可靠。

2. 库存管理与优化

库存管理是供应链管理的重要组成部分。企业应建立合理的库存策略，根据市场需求和生产计划进行库存规划和控制。通过采用先进的库存管理技术，如实时库存监控、预测分析等，实现库存的优化管理，降低库存成本和风险。

3. 物流网络构建与优化

物流网络是产品供应链的核心。企业应建立完善的物流网络，实现各个环节的协同和高效运作。通过优化运输路线、提高物流效率、降低运输成本等方式，提升物流服务水平，满足客户的需求和期望。

4. 信息化与智能化建设

信息化和智能化是提升产品供应链管理水平的重要手段。企业应积极引进和应用先进的信息技术和智能化技术，如物联网、大数据、人工智能等，实现供应链的数字化和智能化管理。通过数据分析和预测，提高供应链的透明度和可控性，优化决策和资源配置。

（四）面临的挑战与解决方案

1. 面临的挑战

供应链风险与不确定性：供应链中存在着诸多风险和不确定性因素，如供应商违约、运输延误、市场需求波动等。这些因素可能对产品供应链的稳定性和可靠性造成影响。

信息不对称与沟通不畅：供应链中的各个环节往往存在着信息不对称和沟通不畅的问题。这可能导致信息传递不及时、不准确，影响供应链管理的效果和效率。

成本控制与质量保障的平衡：在供应链管理中，成本控制和质量保障往往是矛盾的。企业需要在保证产品质量的前提下，寻求成本控制的最佳平衡点。

2. 解决方案

建立风险管理与应对机制：企业应建立完善的风险管理与应对机制，对供应链中的潜在风险进行识别、评估和控制。通过制定应急预案、建立风险分担机制等方式，降低供应链风险对企业的影响。

加强信息共享与沟通协作：企业应建立信息共享平台，促进供应链中各个环节之间的信息共享和沟通协作。通过加强信息交流和合作，提高供应链的透明度和协同效率。

实现成本控制与质量保障的平衡：企业应采用科学的管理方法和手段，实现成本控制与质量保障的平衡。例如，通过引入先进的生产技术和管理理念，提高生产效率和产品质量；通过优化采购策略和库存管理，降低采购成本和库存风险。

（五）总结与展望

产品供应链管理在物流服务中发挥着至关重要的作用。通过供应商选择与管理、库存管理与优化、物流网络构建与优化及信息化与智能化建设等策略，企业可以提升供应链管理水平，确保产品的及时供应，以降低成本、提高质量。然而，在实施过程中，企业面临着供应链风险与不确定性、信息不对称与沟通不畅和成本控制与质量保障的平衡等挑战。因此，企业需要建立风险管理与应对机制、加强信息共享与沟通协作、实现成本控制与质量保障的平衡等解决方案来应对这些挑战。展望未来，随着科技的不断进步和市场的不断发展，产品供应链管理将更加注重数字化、智能化和可持续发展。企业应积极拥抱新技术和新理念，推动产品供应链管理的创新与发展，为企业的长远发展奠定坚实基础。

第三节　物流服务企业的产品配送与售后管理

一、产品配送与物流服务

（一）概述

在现代商业环境中，产品配送与物流服务已成为企业竞争力的关键要素。高效的配送和物流服务能够确保产品及时、准确地送到客户手中，从而提升客户满意度，增强企业的市场竞争力。本部分内容将详细探讨产品配送与物流服务在供应链中的应用，包括其重要性、关键流程与优化策略及面临的挑战与解决方案等。

（二）产品配送与物流服务的重要性

1. 确保客户满意度

产品配送与物流服务直接影响客户的购物体验。快速、准确、可靠的配送服务能够满足客户的期望，提高客户满意度。同时，优质的物流服务还能够增强客户对企业的信任感，为企业赢得良好的口碑。

2. 降低成本

通过优化产品配送与物流服务，企业可以降低库存成本、运输成本及仓储成本等。合理的配送策略和物流规划有助于减少浪费和损失，提高企业的经济效益。

3. 提高供应链效率

高效的产品配送和物流服务能够促进供应链各环节之间的协同和高效运作。通过加强信息共享、优化运输路线、提高装卸效率等方式，可以缩短产品从生产到销售的时间周期，提高供应链的整体效率。

（三）关键流程与优化策略

1. 订单处理

订单处理是产品配送与物流服务的起点。企业应建立完善的订单处理系统，确保订单信息的准确无误。通过自动化和智能化的订单处理系统，可以提高处理速度，减少人工错误。

2. 库存管理

库存管理对于确保及时配送至关重要。企业应建立合理的库存策略，根据历史销售数据、市场需求预测等因素进行库存规划和控制。通过实时库存监控和预警系统，可以及时发现库存异常，避免缺货或积压现象。

3. 配送路线规划

配送路线规划直接影响配送效率和成本。企业应综合考虑运输距离、交通状况、客户需求等因素，制定最优的配送路线。通过采用先进的路线规划软件和技术，可以实现配送路线的自动化优化，提高运输效率。

4. 物流服务创新

随着市场的不断变化和客户需求的升级，企业应积极探索物流服务创新。例如，开展定制化配送服务、提供实时物流信息查询、建立智能配送网络等，以满足客户的多样化需求，提升物流服务品质。

（四）面临的挑战与解决方案

1. 面临的挑战

物流成本与效率之间的平衡：在追求低成本的同时，企业需要确保物流服务的效率和质量。如何在成本控制和优质服务之间找到平衡点是企业面临的重要挑战。

配送延误与错配问题：由于各种原因，如交通拥堵、天气因素、人为错误等，可能导致配送延误或错配现象。这些问题可能影响客户满意度和企业的声誉。

物流信息化水平不足：部分企业在物流信息化建设方面存在不足，导致信息传递不畅、数据不准确等问题。这制约了物流服务的提升和供应链管理的优化。

2. 解决方案

强化成本控制与效率提升：企业可以通过引入先进的物流技术和管理理念，如智能仓储、自动化分拣等，提高物流效率，降低成本。同时，企业应加强内部管理和协作，提高资源利用效率，达到成本与效率之间的平衡。

优化配送流程与质量控制：企业应建立完善的配送流程和质量控制机制，确保配送过程的准确性和可靠性。通过加强员工培训和考核、引入先进的配送技术等方式，提高配送人员的专业素质和责任意识，减少配送延误和错配现象。

提升物流信息化水平：企业应加大对物流信息化建设的投入，引进先进的物流信息系统和技术手段，如物联网、大数据等。通过实现物流信息的实时共享和数据分析，提高物流服务的透明度和可控性，优化决策和资源配置。

（五）总结与展望

产品配送与物流服务在供应链中发挥着至关重要的作用。通过优化订单处理、库存管理、配送路线规划、物流服务创新等关键流程，以及应对挑战的解决方案，企业可以提升物流服务的效率和质量，满足客户需求，增强市场竞争力。展望未来，随着科技的不断进步和市场的不断发展，产品配送与物流服务将更加注重智能化、个性化和绿色化。企业应积极拥抱新技术和新理念，推动物流服务的创新与发展，为企业的长远发展奠定坚实基础。

二、产品售后服务与支持

（一）概述

在现代商业环境中，产品售后服务与支持已经成为企业赢得客户信任、提升客户满意度和忠诚度的关键因素。优质的售后服务不仅能够解决客户在使用产品过程中遇到的问题，还能够增强客户对企业的好感度，为企业赢得口碑。本部分内容将详细探讨产品售后服务与支持的重要性、关键要素与优化策略及面临的挑战与解决方案等。

（二）产品售后服务与支持的重要性

1. 增强客户满意度和忠诚度

产品售后服务与支持是客户体验的重要组成部分。当客户遇到问题时，能够得到及时、专业的解决方案，将极大增强其对企业的信任感和好感度。同时，优质的售后服务还能够提高客户对产品的满意度，从而增加其复购率和忠诚度。

2. 维护企业形象和声誉

售后服务与支持的质量直接影响企业的形象和声誉。如果企业能够为客户提供高质量的售后服务，将赢得客户的尊重和认可，提升企业的品牌形象。相反，如果售后服务不佳，将可能导致客户的不满和投诉，给企业的声誉带来负面影响。

3. 促进产品改进和创新

通过与客户的沟通和交流，企业可以了解客户对产品的需求和反馈。这些宝贵的信息可以为企业的产品改进和创新提供指导，帮助企业更好地满足市场需求，提升竞争力。

（三）关键要素与优化策略

1. 建立完善的售后服务体系

企业应建立完善的售后服务体系，包括售后服务流程、人员培训、技术支持等方面。通过制定明确的售后服务标准和流程，确保客户问题能够得到及时解决。同时，企业应加强售后服务人员的培训和管理，增强其服务意识和技能水平，确保为客户提供优质的服务体验。

2. 提供多样化的服务渠道和方式

为了满足不同客户的需求和偏好，企业应提供多样化的服务渠道和方式。例如，设立专门的售后服务热线、提供在线客服、开设实体售后服务店等。通过提供多种服务渠道和方式，方便客户随时随地获取售后服务和支持，提高客户满意度。

3. 加强与客户的沟通和反馈机制

企业应建立与客户的沟通和反馈机制，及时了解客户的需求和反馈。通过定期调查、客户访谈等方式，收集客户对产品和服务的意见和建议。同时，企业应建立有效的反馈处理机制，对客户的反馈进行及时响应和改进，不断提升产品和服务的质量。

4. 利用技术手段提升服务效率和质量

随着科技的发展，企业可以利用先进的技术手段提升售后服务与支持的效率和质量。例如，引入人工智能和大数据技术，建立智能客服系统，实现自动化的问题解答和服务推荐。同时，企业可以利用数据分析技术对客户反馈进行深入挖掘和分析，为产品改进和创新提供有力支持。

（四）面临的挑战与解决方案

1. 面临的挑战

售后服务成本的控制：提供高质量的售后服务需要投入大量的人力、物力和财力。如何在保证服务质量的同时控制成本是企业面临的重要挑战。

服务人员素质和服务意识的提升：售后服务人员的素质和服务意识直接影响客户的服务体验。如何提高服务人员的专业水平和服务意识是企业需要解决的问题。

客户需求的多样化和个性化：随着市场的不断变化和客户需求的升级，企业需要满足更加多样化和个性化的服务需求。如何提供定制化的服务以满足不同客户的需求是企业面临的挑战。

2. 解决方案

优化服务流程和提高效率：企业可以通过优化售后服务流程、提高服务效率等方式来降低服务成本。例如，引入先进的管理理念和技术手段，提高服务流程的自动化和智能化水平，降低错误率。

加强服务人员培训和管理：企业应加大对售后服务人员的培训和管理力度，增强其专业素质和服务意识。通过制订完善的培训计划和考核标准，确保服务人员具备专业的知识和技能，能够为客户提供优质的服务体验。

提供定制化的服务方案：为了满足客户多样化和个性化的需求，企业应提供定制化的服务方案。通过深入了解客户的行业特点、业务需求和使用习惯等信息，为客户量身定制符合其需求的服务方案，提高客户满意度和忠诚度。

（五）总结与展望

产品售后服务与支持在提升企业客户满意度和忠诚度方面发挥着至关重要的作用。通过建立完善的售后服务体系、提供多样化的服务渠道和方式、加强与客户的沟通和反馈机制及利用技术手段提升服务效率和质量等策略，企业可以提升售后服务的水平和质量，满足客户需求，赢得市场认可。

展望未来，随着科技的不断进步和市场的不断发展，产品售后服务与支持将更加注重智能化、个性化和精细化。企业应积极拥抱新技术和新理念，推动售后服务与支持的创新与发展，为企业的长远发展奠定坚实基础。同时，企业还应关注客户体验和服务质量的持续改进和提升，以满足不断变化的市场需求和客户期望。

三、产品环保与可持续性

（一）概述

随着全球环境问题的日益严重，产品环保与可持续性已成为企业发展的关键议题。越来越多的消费者开始关注产品的环保性能和可持续性。这使得企业在产品开发、生产、销售等环节都必须考虑环保与可持续性因素。本部分内容将详细探讨产品环保与可持续性的重要性、关键要素与实现策略及面临的挑战与解决方案等。

（二）产品环保与可持续性的重要性

1. 应对全球环境问题

全球环境问题日益严重，如气候变化、资源短缺、生态破坏等。企业作为经济活动的主要参与者，有责任和义务积极应对环境问题，推动可持续发展。通过开发环保和可持续的产品，企业可以减少对环境的负面影响，为全球环境保护作出贡献。

2. 满足消费者需求

随着消费者环保意识的提高，越来越多的消费者开始关注产品的环保性能和可持续性。他们更倾向于选择那些符合环保标准、能够降低资源消耗和减少环境污染的产品。因此，开发环保和可持续的产品有助于企业满足消费者需求，赢得市场认可。

3. 提升企业竞争力

环保与可持续性已成为企业竞争的新焦点。通过开发环保和可持续的产品，企业可以在市场上树立良好的形象，赢得消费者的信任。同时，这也有助于企业降低生产成本、提高资源利用效率，从而增强企业的竞争力。

（三）关键要素与实现策略

1. 设计环保和可持续的产品

企业在设计产品时，应充分考虑环保和可持续性因素。例如，采用环保材料、减少能源消耗、优化产品结构等。通过设计环保和可持续的产品，企业可以降低产品对环境的影响，满足消费者需求。

2. 建立绿色供应链

企业应建立绿色供应链，确保从原材料采购到产品生产、销售等环节都符合环保和可持续性要求。通过与供应商合作、优化物流体系等方式，降低供应链的能源消耗和环境污染。

3. 推广环保理念和文化

企业应积极推广环保理念和文化，增强员工的环保意识。通过内部培训、宣传活动等方式，员工充分认识到环保与可持续性的重要性，并将其融入日常工作中。

4. 加强与政府、社会和消费者的沟通与合作

企业应加强与政府、社会和消费者的沟通与合作，共同推动环保与可持续性事业的发展。通过与政府合作，获取政策支持；通过与社会组织合作，共同开展环保活动；通过与消费者沟通，了解他们的需求和期望，为产品改进和创新提供指导。

（四）面临的挑战与解决方案

1. 面临的挑战

技术瓶颈：环保与可持续性技术的研发和应用需要投入大量的人力、物力和财力，但当前部分企业可能面临技术瓶颈。

成本压力：环保和可持续的产品往往需要使用更环保的材料和技术。这可能导致产品成本上升，影响企业的盈利能力。

消费者认知不足：虽然消费者的环保意识在不断提高，但仍有部分消费者对环保和可持续性的认知不足。这可能影响产品的市场推广。

2. 解决方案

加强技术研发和创新：企业应加大在环保与可持续性技术方面的研发投入力度，推动技术创新。通过引入先进的环保材料和技术，降低产品成本，提高产品质量和环保性能。

优化产品定价策略：企业可以通过优化产品定价策略，平衡产品成本和市场需求。例如，通过提供环保和可持续的产品附加值，提高产品的市场竞争力。

加强消费者教育和宣传：企业应通过各种渠道加强消费者教育和宣传，提高消费者对环保和可持续性的认知。通过举办讲座、发布宣传资料等方式，引导消费者关注环保和可持续性问题，培养他们的环保意识和消费习惯。

（五）总结与展望

产品环保与可持续性是企业未来发展的必然选择。通过设计环保和可持续的产品、建立绿色供应链、推广环保理念和文化以及加强与政府、社会和消费者的沟通与合作等策略，企业可以推动环保与可持续性事业的发展。同时，企业也应积极应对面临的挑战，如技术瓶颈、成本压力和消费者认知不足等，通过加强技术研发和创新、优化产品定价策略及加强消费者教育和宣传等方式寻求解决方案。

展望未来，随着全球环境问题的日益严重和消费者环保意识的不断提高，产品环保与可持续性将成为企业竞争的新焦点。企业应抓住机遇，积极应对挑战，推动环保与可持续性事业的发展。同时，政府和社会也应加强对企业的引导和支持，共同推动全球环境保护和可持续发展目标的实现。

四、产品市场定位与宣传

（一）概述

在当今竞争激烈的市场环境中，产品市场定位与宣传对于企业的成功至关重要。明确的市场定位能够帮助企业识别目标顾客群体，满足其独特需求，从而树立品牌形象，提升市场竞争力。而有效的产品宣传则能够扩大品牌知名度，吸引潜在顾客，增强品牌影响力。本部分内容将深入探讨产品市场定位与宣传的重要性、策略与实践方法及面临的挑战与解决方案等。

（二）产品市场定位的重要性

1. 明确目标客户群体

市场定位的首要任务是明确目标客户群体。通过深入了解目标客户的需求、偏好和购买行为，企业可以精准地定位产品，满足其独特需求，从而在竞争中脱颖而出。

2. 树立品牌形象

清晰的市场定位有助于企业塑造独特的品牌形象。当产品在市场中占据明确的位置时，消费者更容易将其与特定需求、价值观或情感联系起来，形成品牌忠诚度。

3. 提升市场竞争力

准确的市场定位能够使企业在众多竞争者中脱颖而出。通过提供符合目标客户需求的产品和服务，企业可以赢得市场份额，提升竞争力。

（三）产品市场定位的策略与实践方法

1. 市场细分

市场细分是市场定位的基础。企业需要对市场进行细致分析，识别出不同的顾客群体和细分市场，以便为每个细分市场提供有针对性的产品和服务。

2. 目标市场选择

在细分市场的基础上，企业需要根据自身资源和能力，选择具有潜力和吸引力的目标市场。这有助于企业集中资源，满足目标客户的独特需求。

3. 产品定位

产品定位是指企业根据目标市场的需求和竞争态势，为产品设定独特的市场位置。这包括产品的功能、品质、价格、品牌形象等方面。通过明确的产品定位，企业可以在目标市场中形成差异化竞争优势。

4. 实践方法

市场调研：通过问卷调查、访谈、数据分析等手段，深入了解目标市场的需求和竞争态势，为产品定位提供依据。

竞品分析：对竞争对手的产品进行分析，了解其产品特点和优劣势，以便为自身产品定位提供参考。

品牌传播：通过广告、公关活动、社交媒体等渠道，将产品定位信息传达给目标客户，提升品牌知名度和影响力。

（四）产品宣传的重要性与策略

1. 扩大品牌知名度

有效的产品宣传能够提升品牌在目标市场中的知名度，使更多潜在顾客了解并关注企业的产品。

2. 吸引潜在顾客

通过引人入胜的产品宣传，企业可以激发潜在顾客的兴趣和购买欲望，从而将其转化为实际消费者。

3. 增强品牌影响力

优秀的产品宣传不仅能够提升品牌形象，还能够增强品牌在目标市场中的影响力，为企业的长期发展奠定基础。

4. 宣传策略

确定宣传目标：明确宣传的目的和受众，确保宣传内容与目标市场的需求相契合。

制订宣传计划：根据产品定位和市场需求，制订有针对性的宣传计划，包括宣传渠道、时间节点、预算等。

选择合适的宣传渠道：根据目标市场的特点和受众的偏好，选择合适的宣传渠道，如社交媒体、广告、公关活动等。

创新宣传内容：通过引人入胜的故事、独特的视角和创新的表达方式，吸引潜在顾客的注意并激发其购买欲望。

评估宣传效果：通过数据分析、市场调研等手段，评估宣传效果，以便及时调整宣传策略，强化宣传效果。

（五）面临的挑战与解决方案

1. 面临的挑战

市场竞争激烈：在众多竞争者中脱颖而出，吸引目标客户的关注成为企业的一大挑战。

目标市场变化快速：随着市场环境和消费者需求的变化，企业需要不断调整市场定位与宣传策略。

宣传成本高昂：有效宣传需要投入大量的资金和资源，对企业的财务压力较大。

2. 解决方案

持续创新：通过产品创新、服务创新等方式，提升产品的独特性和竞争力，以应对市场竞争。

灵活调整策略：密切关注市场变化和消费者需求的变化，及时调整市场定位与宣传策略，保持与时俱进。

合理规划预算：根据自身实力和市场需求，合理规划宣传预算，确保宣传效果与投入的平衡。

（六）总结与展望

产品市场定位与宣传是企业塑造品牌形象、提升市场竞争力的关键手段。通过明确的市场定位，企业可以精准满足目标客户的需求，树立独特的品牌形象。而有效的产品宣传则能够扩大品牌知名度，吸引潜在顾客，增强品牌影响力。面对市场的不断变化和竞争的加剧，企业需要不断创新和调整市场定位与宣传策略，以适应市场需求的变化并保持竞争优势。展望未来，随着科技的发展和消费者需求的变化，产品市场定位与宣传将面临新的挑战和机遇。企业应积极探索新的宣传渠道和方式，加强与消费者的互动和沟通，更好地满足其需求并提升品牌影响力。同时，政府和社会也应加强对企业的支持和引导，为企业创造更加良好的市场环境。

五、产品策略与其他营销策略的协同

（一）概述

在现代营销体系中，产品策略并非孤立存在，而是与其他营销策略紧密相连，共同构成了一个完整的营销体系。产品策略作为营销组合的核心，与其他策略（如定价策略、促销策略、渠道策略等）相互依存、相互影响。这些策略之间的协同作用，对于实现企业的营销目标至关重要。本部分内容将深入探讨产品策略与其他营销策略的协同，分析协同的重要性、方法及面临的挑战和解决方案。

（二）产品策略与其他营销策略的协同

1. 产品策略与定价策略的协同

产品策略与定价策略紧密相连，二者相互影响。产品策略决定了产品的设计、功能、品质等方面，为定价策略提供了基础。而定价策略则需要根据产品的特点、市场需求和竞争态势来制定，以确保产品的价格与市场需求相匹配。合理的定价策略可以提高产品的竞争力，促进销售，从而实现产品策略的目标。

2. 产品策略与促销策略的协同

产品策略与促销策略相互补充，共同推动产品的销售。产品策略通过提供符合市场需求的产品，为促销策略提供了有力的支持。而促销策略则通过广告、公关活动、销售促进等手段，提高产品的知名度和吸引力，激发消费者的购买欲望。有效的促销策略可以扩大产品的市场份额，提升品牌影响力，进一步推动产品策略的实施。

3. 产品策略与渠道策略的协同

产品策略与渠道策略相互依存，共同确保产品能够顺利进入市场。产品策略决定了产品的特点和定位，为渠道策略的选择提供了依据。而渠道策略则需要根据产品的特点和市场需求，选择合适的销售渠道和合作伙伴，确保产品能够高效接触目标消费者。合理的渠道策略可以降低销售成本，提高销售效率，从而增强产品策略的实施效果。

（三）协同的重要性

产品策略与其他营销策略的协同，对于实现企业的营销目标具有重要意义。首先，协同可以确保各营销策略之间的相互支持和补充，形成整体合力，提高营销效果。其次，协同可以帮助企业更好地满足市场需求，提高产品的竞争力和市场份额。最后，协同还可以降低营销成本，提高资源利用效率，为企业的可持续发展提供有力保障。

（四）协同的方法与实践

1. 明确营销目标

协同的前提是明确企业的营销目标。企业需要根据市场需求和自身实力，制定具体的营销目标，如销售额、市场份额、品牌形象等。这有助于各营销策略之间的协调与配合，确保各策略都为实现营销目标而服务。

2. 深入了解市场需求

深入了解市场需求是实现协同的关键。企业需要通过市场调研、数据分析等手段，掌握消费者的需求偏好、购买行为等信息。这有助于企业根据市场需求调整产品策略和其他营销策略，确保各策略与市场需求相匹配。

3. 加强内部沟通与协作

内部沟通与协作是实现协同的保障。企业需要建立有效的沟通机制，确保各部门之间能够及时分享信息、协调行动。同时，企业还需要培养员工的协作精神，鼓励各部门之间互相支持、互相配合，共同为实现营销目标而努力。

4. 持续优化与创新

持续优化与创新是实现协同的动力。企业需要定期对各营销策略进行评估和调整，确保各策略始终与市场需求和企业目标保持一致。同时，企业还需要关注市场变化和新技术的发展，不断创新营销策略和手段，提高营销效果。

（五）面临的挑战与解决方案

1. 面临的挑战

在协同过程中，企业可能面临诸多挑战，如内部沟通不畅、资源分配不均、市场变化快速等。这些挑战可能导致各营销策略之间的冲突和矛盾，影响协同效果的实现。

2. 解决方案

针对这些挑战，企业可以采取以下解决方案：

建立完善的沟通机制：确保各部门之间能够及时沟通、协调行动，避免信息孤岛和重复工作。

合理分配资源：根据各营销策略的重要性和紧急性，合理分配人力、物力和财力资源，确保各策略得到有效实施。

关注市场变化：密切关注市场趋势和消费者需求的变化，及时调整营销策略，保持与市场的同步。

培养协作精神：通过培训、激励等措施，培养员工的协作精神，鼓励各部门之间互相支持、互相配合。

（六）总结与展望

产品策略与其他营销策略的协同是企业实现营销目标的关键。通过明确营销目标、深入了解市场需求、加强内部沟通与协作及持续优化与创新等方法与实践，企业可以实现各营销策略之间的协同作用，提高营销效果和市场竞争力。未来，随着市场竞争的加剧和消费者需求的变化，企业需要不断加强各营销策略之间的协同作用，以适应市场的变化并保持竞争优势。同时，政府和社会也应加强对企业的支持和引导，为企业创造更加良好的市场环境。

第六章

物流服务企业营销价格策略

第一节 物流服务企业营销价格策略概述

一、价格策略的意义和原则

（一）概述

物流服务企业在激烈的市场竞争中，营销价格策略的制定与执行显得尤为重要。合理的价格策略不仅能够吸引客户、扩大市场份额，还能够确保企业的盈利能力和持续发展。本部分内容将对物流服务企业的营销价格策略进行概述，探讨其重要性、制定原则、实施方法及面临的挑战和解决方案等。

（二）物流服务企业营销价格策略的重要性

1. 影响市场需求

物流服务企业的价格策略直接影响客户的需求和购买行为。合理的价格能够激发客户的购买欲望，提高市场份额；而过高的价格则可能抑制客户需求，导致市场份额下降。

2. 决定企业盈利能力

价格策略的制定直接关系企业的盈利能力。通过合理的定价，企业可以在保证服务质量的前提下，实现利润最大化。

3. 塑造企业形象

价格策略也是企业形象的重要组成部分。稳定的价格、公平的定价策略有助于塑造企业诚信、专业的形象，提升客户信任度。

（三）物流服务企业营销价格策略的制定原则

1. 成本导向原则

企业在制定价格策略时，需要充分考虑成本因素，确保价格不低于成本，以保证企业的盈利能力。

2. 市场需求导向原则

企业应根据市场需求和竞争态势来制定价格策略，确保价格与市场需求相匹配，提高市场份额。

3. 公平性原则

企业在定价时，应遵循公平性原则，避免价格歧视和不合理定价，以维护企业形象和客户信任。

（四）物流服务企业营销价格策略的实施方法

1. 市场调研与分析

在进行价格策略制定前，企业应进行深入的市场调研与分析，了解竞争对手的定价策略、市场需求和消费者心理等因素，为制定合理的价格策略提供依据。

2. 差异化定价策略

根据不同的客户群体、服务类型和市场需求等因素，企业可以采取差异化定价策略，如针对高端客户提供高价优质服务、针对低端客户提供低价基础服务等。

3. 动态调整价格策略

随着市场环境的变化和竞争态势的演进，企业应及时调整价格策略，以适应市场需求的变化并保持竞争优势。

4. 价格促销策略

企业可以通过价格促销策略来吸引新客户、扩大市场份额，如推出限时优惠、会员折扣等活动。

（五）面临的挑战与解决方案

1. 面临的挑战

在制定和执行营销价格策略时，物流服务企业可能面临诸多挑战，如成本上升、竞争压力增大、客户需求变化等。这些挑战可能导致企业价格策略失效或难以执行。

2. 解决方案

针对这些挑战，企业可以采取以下解决方案：

加强成本控制：通过优化流程、提高效率等方式降低成本，为制定合理的价格策略提供支撑。

强化市场调研与分析：密切关注市场变化和竞争态势，及时调整价格策略，以适应市场需求。

提高服务质量：通过提升服务质量和客户满意度来增强价格策略的吸引力，提高市场份额。

创新定价模式：探索新的定价模式，如基于使用量的定价、按需定价等，以满足不同客户群体的需求。

（六）总结与展望

营销价格策略对物流服务企业的发展具有重要意义。通过制定合理的价格策略并灵活应对市场变化，企业可以吸引更多客户、扩大市场份额并实现盈利增长。未来，随着物流行业的不断发展和市场竞争的加剧，物流服务企业需要不断创新和完善营销价格策略，以适应市场需求的变化并保持竞争优势。同时，政府和社会也应加强对物流行业的支持和引导，为物流服务企业的发展创造更加良好的环境。

二、成本导向定价策略

（一）概述

在物流服务企业中，定价策略的制定是一个至关重要的环节，它不仅关系企业的盈利能力和市场竞争力，还直接影响企业的长期发展。在众多定价策略中，成本导向定价策略是一种常见且重要的方法。本部分内容将详细探讨成本导向定价策略的概念、特点、应用方法及在物流服务企业中的应用等，以期为相关企业提供有益的参考和启示。

（二）成本导向定价策略概述

1. 概念

成本导向定价策略，顾名思义，是一种以成本为基础的定价方法。它是指企业在制定价格时，以产品或服务的成本为主要依据，加上预期的利润率来确定最终的销售价格。这种定价策略的核心思想是确保销售价格不低于成本，以保证企业的盈利能力。

2. 特点

稳定性：成本导向定价策略通常具有相对稳定的特点，因为价格是基于成本来确定的，而成本的变化往往较为缓慢。

易于理解：这种定价策略相对简单明了，企业和消费者都容易理解和接受。

风险较低：由于价格是基于成本来确定的，因此企业可以在一定程度上控制风险，减少不确定性。

（三）成本导向定价策略的应用方法

1. 完全成本加成法

完全成本加成法是指在确定销售价格时，将产品或服务的完全成本（包括直接材料、直接人工、制造费用等）加上预期的利润率。这种方法适用于那些成本结构相对固定、市场需求较为稳定的产品或服务。

2. 边际成本定价法

边际成本定价法是指根据产品或服务的边际成本（增加一单位产量所需增加的成本）来制定价格。这种方法适用于那些成本结构变动较大、市场需求较为灵活的产品或服务。通过边际成本定价法，企业可以更好地控制成本、提高资源利用效率。

3. 吸收成本定价法

吸收成本定价法是指将固定成本（如折旧、租金等）分摊到每个产品或服务上，并加上变动成本和预期的利润率来确定销售价格。这种方法适用于那些固定成本较高、需要通过销售来分摊成本的产品或服务。

（四）成本导向定价策略在物流服务企业中的应用

1. 应用背景

物流服务企业作为提供运输、仓储、配送等服务的行业，其成本结构相对复杂，包括人力成本、设备成本、运营成本等方面。因此，在制定价格策略时，物流服务企业需要充分考虑成本因素，确保价格不低于成本，以保证企业的盈利能力。

2. 具体应用方法

确定成本结构：首先，物流服务企业需要明确其成本结构，包括直接成本（如运输费用、仓储费用等）和间接成本（如管理费用、折旧费用等）。

选择合适的成本导向定价方法：根据产品或服务的特性及市场需求等因素，选择适合的成本导向定价方法。例如，对于运输服务，可以采用完全成本加成法或边际成本定价法；对于仓储服务，可以采用吸收成本定价法。

制定价格策略：根据选定的成本导向定价方法，结合预期利润率和市场需求等因素，制定最终的销售价格。

动态调整价格：随着市场环境的变化和成本结构的变动，物流服务企业需要及时调整价格策略，以保持价格与成本的合理关系。

（五）面临的挑战与解决方案

1. 面临的挑战

在应用成本导向定价策略时，物流服务企业可能面临以下挑战：

成本估算困难：由于物流服务企业的成本结构复杂多变，准确估算成本可能存在一定的困难。

市场需求波动：市场需求的波动可能导致价格与成本之间的关系失衡，从而影响企业的盈利能力。

竞争激烈：物流行业的竞争日益激烈，企业需要在保证盈利的同时，还要兼顾市场份额和客户需求。

2. 解决方案

针对以上挑战，物流服务企业可以采取以下解决方案：

加强成本管理：通过优化流程、提高效率、降低浪费等方式，加强成本管理，提高成本估算的准确性。

强化市场调研与分析：密切关注市场变化和竞争态势，根据市场需求调整价格策略，保持价格与成本之间的合理关系。

创新服务模式：通过创新服务模式、提高服务质量等方式，提升企业的竞争力，以应对激烈的市场竞争。

（六）总结与展望

成本导向定价策略作为物流服务企业常用的定价方法之一，具有稳定性高、易于理解、风险较低等优点。然而，在应用过程中，企业也需要充分考虑市场环境、成本结构、竞争态势等因素，制定合理的价格策略并灵活调整。随着物流行业的不断发展和市场竞争的加剧，物流服务企业需要不断创新和完善定价策略，以适应市场需求的变化并保持竞争优势。

三、需求导向定价策略

（一）概述

在物流服务领域，定价策略的选择与实施直接关系企业的市场竞争力、客户满意度及盈利能力。与成本导向定价策略不同，需求导向定价策略主要基于市场需求和消费者心理来制定价格。这种策略强调根据市场接受程度和消费者愿意支付的价格来设定价格，而非仅仅基于成本。本部分内容将详细探讨需求导向定价策略的概念、特点、应用方法及其在物流服务企业中的具体应用等，以期为物流服务企业在定价策略的制定与执行上提供有益的参考。

（二）需求导向定价策略概述

1. 概念

需求导向定价策略，是一种基于市场需求和消费者心理来制定价格的方法。该策略强调以市场需求为中心，根据消费者对产品或服务的认知价值、购买意愿和支付能力来确定价格。因此，价格往往与成本没有直接联系，而是与市场需求和竞争态势密切相关。

2. 特点

灵活性：需求导向定价策略能够灵活应对市场变化，根据市场需求的波动及时调整价格。

强调市场接受度：该策略注重产品或服务在市场上的接受程度，以及消费者愿意支付的价格。

以消费者为中心：需求导向定价策略强调以消费者需求为导向，以满足消费者需求为核心目标。

（三）需求导向定价策略的应用方法

1. 价值定价法

价值定价法是根据消费者对产品或服务的认知价值来制定价格的方法。企业首先分析产品或服务的独特价值、竞争优势及消费者对这些价值的认可程度，然后根据这些因素来确定价格。这种方法的关键在于准确评估消费者对产品或服务的认知价值，以确保价格与消费者心理预期相符。

2. 感知定价法

感知定价法是基于消费者对产品或服务的感知价值来制定价格的方法。企业通过市场调研、品牌定位等手段了解消费者对产品或服务的感知价值，并根据这些感知价值来设定价格。这种方法的关键在于准确把握消费者对产品或服务的感知差异，以制定具有竞争力的价格。

3. 竞争导向定价法

竞争导向定价法是根据竞争对手的价格水平来制定自身价格的方法。企业通过分析竞争对手的价格、质量、服务等因素，制定与之相匹敌或更具竞争力的价格。这种方法的关键在于密切关注竞争对手的动态，以及时调整自身价格策略。

（四）需求导向定价策略在物流服务企业中的应用

1. 应用背景

物流服务企业作为提供运输、仓储、配送等服务的行业，其市场需求受多种因素影响，如季节性需求波动、客户行业发展趋势等。因此，企业采用需求导向定价策略能够更好地适应市场需求变化，提高客户满意度和市场份额。

2. 具体应用方法

分析市场需求：物流服务企业需要密切关注市场需求变化，了解客户对运输、仓储等服务的需求特点和趋势。

评估客户价值：企业需要对不同类型的客户进行评估，了解他们的购买意愿、支付能力以及对企业服务的认知价值。

制定差异化价格策略：根据市场需求和客户价值评估结果，企业可以制定差异化价格策略，如针对高价值客户提供优质服务并收取较高价格，针对低价值客户提供基础服务并收取较低价格。

动态调整价格：随着市场需求的变化和客户价值的变化，物流服务企业需要及时调整价格策略，以保持价格与市场需求的合理关系。

（五）面临的挑战与解决方案

1. 面临的挑战

在应用需求导向定价策略时，物流服务企业可能面临以下挑战：

市场需求的不确定性：市场需求的波动性和不确定性可能导致价格策略的制定和执行面临困难。

消费者心理的复杂性：消费者心理预期的多样性和复杂性可能影响价格策略的有效性。

竞争对手的干扰：竞争对手的价格策略可能干扰物流服务企业的定价决策，影响市场份额和盈利能力。

2. 解决方案

针对以上挑战，物流服务企业可以采取以下解决方案：

加强市场调研与分析：通过深入的市场调研和分析，了解市场需求变化、消费者心理预期及竞争对手的动态，为制定和执行价格策略提供有力支持。

制定灵活的价格策略：根据市场需求和消费者心理预期的变化，制定灵活的价格策略，如采用折扣、优惠等促销手段吸引客户。

提高服务质量与客户满意度：通过提升服务质量、优化服务流程等手段提高客户满意度和忠诚度，增强客户对价格的接受度。

加强与竞争对手的竞争合作：在竞争激烈的市场环境中，物流服务企业可以加强与竞争对手的竞争合作，共同推动行业发展和提升市场份额。

需求导向定价策略在物流服务企业中具有广泛的应用前景和重要的实践价值。通过深入了解市场需求和消费者心理预期，制定灵活且具有竞争力的价格策略，物流服务企业可以更好地满足客户需求、提高市场份额和盈利能力。然而，在应用过程中也需要注意市场需求的不确定性、消费者心理的复杂性及竞争对手的干扰等挑战。因此，物流服务企业需要不断加强市场调研与分析、制定灵活的价格策略、提高服务质量与客户满意度及加强与竞争对手的竞争合作等方面的努力，以应对市场变化和竞争压力。

（六）总结与展望

随着物流行业的不断发展和市场竞争的加剧，需求导向定价策略在物流服务企业中的应用将更加重要和复杂。企业需要不断创新和完善定价策略，结合先进的技术手段如大数据分析、人工智能等，以更精准地把握市场需求和消费者心理，制定更具有针对性和竞争力的价格策略。

首先，利用大数据技术进行市场细分和目标客户定位。通过分析海量的客户数据和市场信息，企业可以更准确地了解不同类型客户的需求特点、购买行为和支付能力，从而制定更加精准的价格策略。例如，对于高价值客户，企业可以提供个性化、定制化的服务，并适当提高价格；对于低价值客户，企业可以提供基础服务，并保持价格竞争力。

其次，运用人工智能技术优化定价决策过程。人工智能技术可以帮助企业快速处理和分析大量数据，自动调整价格，以应对市场变化。通过机器学习算法，企业可以预测市场需求和消费者心理预期的变化趋势，从而提前调整价格策略，保持竞争优势。

此外，加强与供应链合作伙伴的协同定价也是未来发展的重要方向。物流服务企业与供应链合作伙伴之间可以建立更加紧密的合作关系，共同制定协同定价策略，以实现整体供应链的优化和共赢。通过协同定价，企业可以更好地控制成本、提高服务质量和客户满意度，同时保持价格竞争力。

最后，不断提升服务质量和客户体验也是关键。无论采用何种定价策略，优质的服务和客户体验始终是吸引和留住客户的关键。物流服务企业需要不断提升服务水平、优化服务流程、提高员工素质等，以提供卓越的客户体验，使客户愿意支付更高的价格。

综上所述，需求导向定价策略在物流服务企业中具有广泛的应用前景和重要的实践价值。企业需要不断创新和完善定价策略，结合先进的技术手段（如大数据分析、人工智能等），以更精准地把握市场需求和消费者心理，制定更具有针对性和竞争力的价格策略。同时，加强与供应链合作伙伴的协同定价、提升服务质量和客户体验等方面的工作也是至关重要的。只有这样，物流服务企业才能在激烈的市场竞争中立于不败之地，实现可持续发展。

四、竞争导向定价策略

（一）概述

在物流服务行业，定价策略的选择与运用直接关系企业的市场份额、盈利能力和竞争力。竞争导向定价策略，作为一种以市场竞争状况为主要考虑因素的定价方法，旨在确保企业的产品或服务在市场中具有竞争力，从而吸引和保持客户。本部分内容将对竞争导向定价策略进行详细探讨，包括其概念、特点、应用方法及在物流服务企业中的具体应用。

（二）竞争导向定价策略概述

1. 概念

竞争导向定价策略，是指企业在制定价格时，以市场上同类产品或服务的价格为依据，结合自身的成本、产品质量、品牌形象等因素，来确定最终的销售价格。这种定价策略的核心思想是确保企业的价格与竞争对手保持一致或具有优势，以吸引和保持客户。

2. 特点

灵活性：竞争导向定价策略能够灵活应对市场变化和竞争态势，根据竞争对手的价格调整来及时调整自身价格。

竞争性强：该策略注重与竞争对手的价格竞争，通过价格优势吸引客户，提高市场份额。

着眼于市场：竞争导向定价策略以市场需求和竞争状况为导向，关注市场变化，以满足客户需求为核心目标。

（三）竞争导向定价策略的应用方法

1. 成本加成法

成本加成法是在竞争对手价格的基础上，加上一定的成本利润率来确定自身价格的方法。企业应首先了解竞争对手的价格水平，然后加上自身的成本和期望的利润，从而得出最终的销售价格。这种方法适用于成本结构相对固定、竞争对手价格较为透明的企业。

2. 市场渗透定价法

市场渗透定价法是指企业在进入新市场或推出新产品时，以低于竞争对手的价格来吸引客户，迅速占领市场份额。通过低价策略，企业可以降低购买门槛，吸引大量客户，并在后期通过提高服务质量、增加附加值等方式，提高客户满意度和忠诚度。

3. 随行就市定价法

随行就市定价法是指企业根据市场平均价格或竞争对手的平均价格来制定自身价格的方法。企业不追求最高的利润，而是保持与竞争对手一致的价格水平，以维持市场份额和品牌形象。这种方法适用于市场竞争激烈、价格敏感度较高的产品或服务。

（四）竞争导向定价策略在物流服务企业中的应用

1. 应用背景

物流服务企业作为提供运输、仓储、配送等服务的行业，面临着激烈的市场竞争和不断变化的市场需求。为了保持竞争力，物流服务企业需要密切关注竞争对手的价格策略，并根据市场需求和竞争态势制定相应的定价策略。

2. 具体应用方法

分析竞争对手价格：物流服务企业需要全面了解竞争对手的价格水平、服务质量和市场份额等信息，以便制定有针对性的定价策略。

制定差异化价格策略：根据竞争对手的价格和服务特点，物流服务企业可以制定差异化价格策略，如提供更高质量的服务并收取相应的高价，或者提供基础服务并保持价格竞争力。

灵活调整价格：随着市场竞争的变化和客户需求的变化，物流服务企业需要及时调整价格策略，以保持竞争优势。例如，在淡季时可以适当降低价格以吸引客户，而在旺季时可以适当提高价格以应对需求增长。

加强与客户的沟通与合作：通过与客户建立良好的沟通和合作关系，物流服务企业可以更好地了解客户需求和市场变化，从而制定更加精准的定价策略。同时，通过提供个性化的服务解决方案和增值服务，企业可以与客户建立长期稳定的合作关系。

（五）面临的挑战与解决方案

1. 面临的挑战

在应用竞争导向定价策略时，物流服务企业可能面临以下挑战：

竞争对手的价格波动：竞争对手的价格策略可能不断变化，给物流服务企业的定价决策带来不确定性。

市场需求的不稳定性：市场需求的波动可能导致物流服务企业的价格策略难以持续有效。

成本控制的压力：为了保持价格竞争力，物流服务企业可能面临成本控制的压力，需要在降低成本和提高服务质量之间找到平衡。

2. 解决方案

针对以上挑战，物流服务企业可以采取以下解决方案：

建立完善的市场信息系统：通过收集和分析竞争对手的价格、服务质量和市场份额等信息，建立完善的市场信息系统，以便及时了解市场动态并作出相应调整。

制定灵活的价格调整机制：根据市场需求和竞争态势的变化，制定灵活的价格调整机制，确保价格策略能够持续有效。

优化成本控制和管理：通过提高运营效率、降低浪费和采用先进技术等方式优化成本控制和管理，以保持价格竞争力的同时提高服务质量。

加强与客户的沟通和合作：通过与客户建立良好的沟通和合作关系，深入了解客户需求和市场变化，提供更加精准的定价策略和服务解决方案。

（六）总结与展望

竞争导向定价策略在物流服务企业中具有重要的应用价值和实践意义。通过密切关注竞争对手的价格策略、制定差异化价格策略、灵活调整价格及加强与客户的沟通和合作等方式，物流服务企业可以更好地应对市场竞争、提高市场份额和盈利能力。然而，在应用过程中也需要注意竞争对手的价格波动、市场需求的不稳定性及成本控制的压力等挑战。因此，物流服务企业需要不断完善自身的市场信息系统、制定灵活的价格调整机制、优化成本控制和管理策略等。

五、价格调整与市场反应

（一）概述

在竞争激烈的市场环境中，物流服务企业经常需要面对价格调整的情况。价格调整不仅影响企业的盈利能力和市场份额，还直接关系客户的满意度和忠诚度。因此，了解价格调整与市场反应之间的关系，对于物流服务企业制定有效的定价策略具有重要意义。本部分内容将对价格调整与市场反应进行深入探讨，分析价格调整的原因、方式及市场反应的影响因素，并提出相应的策略建议。

（二）价格调整的原因与方式

1. 原因

成本变化：物流服务企业的成本受到多种因素的影响，如燃油价格、劳动力成本、设备维护等。当这些成本发生变化时，企业可能需要调整价格，以保持盈利能力。

市场需求变化：市场需求的波动会影响物流服务企业的定价策略。当需求增加时，企业可能会提高价格，以获取更高的利润；当需求减少时，企业可能会降低价格，以吸引客户。

竞争压力：面对竞争对手的价格调整，物流服务企业可能需要进行相应的价格调整，以保持竞争力。

2. 方式

直接调整：企业直接对价格进行上调或下调，以应对成本变化、市场需求或竞争压力。

折扣与优惠：企业可以通过提供折扣、优惠券等方式间接调整价格，以吸引客户并保持市场份额。

增值服务：企业可以通过提供增值服务来提高价格水平，如提供个性化解决方案、加强售后服务等。

（三）市场反应的影响因素

1. 消费者心理预期

消费者对价格调整的心理预期会影响他们的购买行为。如果消费者认为价格调整是合理的，他们可能会继续购买；如果消费者认为价格调整不合理，他们可能会选择其他服务商或减少购买量。

2. 竞争对手的反应

竞争对手对价格调整的反应也会影响市场反应。如果竞争对手跟随调整价格，市场反应可能较为平稳；如果竞争对手保持原价或采取其他竞争策略，可能会给调整价格的企业带来一定的市场压力。

3. 品牌形象与市场地位

企业的品牌形象和市场地位也会影响价格调整后的市场反应。知名品牌和高市场份额的企业在价格调整时可能具有更大的话语权，而较小或新兴的企业在价格调整时可能需要更加谨慎。

（四）应对策略建议

1. 合理评估成本与市场需求

物流服务企业在进行价格调整前，应充分评估成本变化和市场需求，确保价格调整具有合理性和可行性。同时，要加强对市场趋势的预测和分析，以便及时调整价格策略。

2. 加强与客户的沟通

企业应加强与客户的沟通，解释价格调整的原因和目的，以消除客户的疑虑和不满。同时，企业要关注客户的反馈和需求，及时调整服务内容和质量，以满足客户的期望。

3. 灵活应对竞争对手

面对竞争对手的价格调整，物流服务企业应保持灵活和敏锐，根据实际情况制定相应的应对策略。企业可以考虑与竞争对手进行差异化竞争，通过提供独特的服务或优势来吸引客户。

4. 维护品牌形象与市场地位

企业在价格调整过程中要注意维护品牌形象和市场地位，避免过度追求短期利润而损害长期发展。企业要注重提升服务质量和客户满意度，树立良好的企业形象和口碑。

（五）总结与展望

价格调整与市场反应是物流服务企业制定定价策略时需要关注的重要方面。企业应充分了解价格调整的原因和方式，以及市场反应的影响因素，制定合理的定价策略。同时，企业要加强与客户和竞争对手的沟通与合作，灵活应对市场变化，维护品牌形象和市场地位。

展望未来，随着物流行业的不断发展和市场竞争的加剧，价格调整与市场反应之间的关系将更加复杂和多变。因此，物流服务企业需要不断加强市场研究和分析能力，提高定价策略的灵活性和适应性，以应对未来市场的挑战和机遇。同时，政府和社会各界也应关注物流行业的健康发展，为物流服务企业营造良好的政策环境和市场氛围。

第二节 物流服务企业的价格与市场

一、价格歧视与细分市场定价

（一）概述

在经济学和商业策略中，价格歧视是一种常见的定价策略，它允许同一商品或服务在不同市场或消费群体中以不同的价格销售。这种策略的核心在于利用消费者之间的需求差异和购买力的不同，以实现利润最大化。对于物流服务企业而言，价格歧视和细分市场定价策略的运用可以帮助它们在竞争激烈的市场环境中更好地满足客户需求，提高市场份额和盈利能力。

（二）价格歧视的概念与类型

1. 价格歧视的概念

价格歧视，也称为差别定价，是指同一商品或服务在不同市场或消费群体中以不同的价格销售的行为。这种定价策略基于消费者需求、购买力、购买数量或其他因素的差异，通过为不同消费者群体提供不同的价格来实现利润最大化。

2. 价格歧视的类型

一级价格歧视：也称为完全价格歧视，是指企业根据每个消费者的购买意愿和支付能力来制定不同的价格。在这种情况下，每个消费者支付的价格恰好等于其愿意支付的最大金额。然而，这种价格歧视在实际操作中很难实现，因为企业需要了解每个消费者的购买意愿和支付能力。

二级价格歧视：企业根据消费者的购买数量或消费量来制定不同的价格。例如，对于购买数量较多的消费者提供折扣或优惠。这种价格歧视在物流服务企业中很常见，如批量折扣、会员优惠等。

三级价格歧视：企业根据不同的消费群体或市场制定不同的价格。这通常涉及地理位置、消费习惯、收入水平等因素。例如，在不同地区或国家设定不同的价格，或者在高端市场和低端市场提供不同的价格。

（三）细分市场定价的策略与应用

1. 细分市场定价的概念

细分市场定价是指企业根据市场需求、竞争态势和消费者特征等因素，将市场划分为不同的细分市场，并为每个细分市场制定不同的价格策略。这种定价策略旨在满足不同消费者的需求，提高市场份额和盈利能力。

2. 细分市场定价的策略

基于消费者特征的定价：企业可以根据消费者的年龄、性别、职业、收入等特征来划分细分市场，并为每个细分市场制定不同的价格。例如，对高收入消费者群体提供更高质量的服务并收取更高价格。

基于地理位置的定价：企业可以根据不同地区或国家的经济发展水平、消费习惯等因素来制定不同的价格。例如，在发达地区或国家提供更高水平的服务并收取更高价格。

基于购买行为的定价：企业可以根据消费者的购买频率、购买数量、购买时间等因素来划分细分市场，并为每个细分市场制定不同的价格。例如，对经常购买或大量购买的消费者提供折扣或优惠。

3. 细分市场定价的应用方法

市场调研与分析：企业需要对市场进行深入调研和分析，了解不同消费者群体的需求、购买力和购买行为等特征，以便为每个细分市场制定合适的价格策略。

制定差异化价格策略：根据市场调研结果，企业可以为不同细分市场制定不同的价格策略，以满足不同消费者的需求并实现利润最大化。

动态调整价格策略：随着市场变化和消费者需求的变化，企业需要及时调整价格策略，以适应市场变化。这包括根据竞争态势和消费者反馈等因素对价格进行动态调整。

（四）物流服务企业如何运用价格歧视和细分市场定价策略

1. 分析消费者需求与购买力

物流服务企业需要深入了解消费者的需求和购买力，以便为不同消费者群体提供有针对性的服务并制定合理的价格策略。例如，对于高价值货物或紧急配送需求的消费者，企业可以提供更高质量的服务并收取更高价格；对于价格敏感的消费者，企业可以提供经济型服务以满足其需求。

2. 划分细分市场并制定差异化价格策略

根据消费者特征、地理位置和购买行为等因素，物流服务企业需要合理划分细分市场，并为每个细分市场制定差异化价格策略。例如，在城市中心地区提供快速配送服务并收取较高价格；在偏远地区提供基础配送服务并收取较低价格。同时，企业还可以根据客户的购买历史和需求变化动态调整价格策略。

3. 加强市场调研与竞争分析

为了更好地运用价格歧视和细分市场定价策略，物流服务企业需要加强市场调研与竞争分析工作。通过了解竞争对手的定价策略、服务质量和市场份额等信息，企业可以制定更具竞争力的价格策略并不断优化定价决策。

4. 提高服务质量和客户满意度

无论采取何种定价策略，提高服务质量和客户满意度始终是物流服务企业的核心目标。通过提供高效、可靠和个性化的服务，企业可以赢得客户的信任，从而实现长期稳定的盈利增长。

（五）总结

价格歧视和细分市场定价策略对于物流服务企业在竞争激烈的市场环境中优化定价决策具有重要意义。通过深入了解消费者需求、合理划分细分市场并制定差异化价格策略，企业可以更好地满足客户需求、提高市场份额和盈利能力。然而，这些策略的运用也面临着诸多挑战，如消费者需求变化、竞争压力及成本控制等。因此，物流服务企业需要不断加强市场研究和分析能力，提高定价策略的灵活性和适应性。

二、价格与销量的关系管理

（一）概述

价格与销量是市场营销中的两个核心要素，它们之间的关系直接影响着企业的盈利能力和市场竞争力。对于物流服务企业而言，如何合理管理价格与销量的关系，既保持价格优势又确保销量稳定，是一项至关重要的任务。本部分内容将深入分析价格变动对销量的影响、市场需求与价格策略的制定及如何通过价格与销量的协同管理来实现企业的营销目标等。

（二）价格变动对销量的影响

1. 价格弹性理论

价格弹性理论是研究价格变动与销量变动之间关系的经典理论。根据价格弹性的不同，商品可以分为价格敏感型和价格不敏感型。对于价格敏感型商品，价格的小幅变动可能导致销量的显著变化；而对于价格不敏感型商品，价格变动对销量的影响相对较小。物流服务企业在制定价格策略时，需要充分考虑其服务产品的价格弹性，避免因过度依赖价格竞争而损害企业利润。

2. 价格变动对销量的实际影响

价格上涨对销量的影响：通常情况下，价格上涨可能导致销量下降。因为价格上涨会增加消费者的购买成本，降低购买意愿。然而，在某些情况下，如产品供不应求或品牌形象强大时，价格上涨可能不会对销量产生太大影响。

价格下降对销量的影响：价格下降通常会刺激销量上升。降低价格可以增加消费者的购买意愿和购买力，从而扩大市场份额。但过度的价格竞争也可能导致企业利润下降，甚至损害品牌形象。

（三）市场需求与价格策略的制定

1. 市场需求分析

在制定价格策略前，物流服务企业需要深入分析市场需求。了解客户的购买意愿、支付能力及竞争对手的定价策略等信息，有助于企业更准确地把握市场需求和竞争态势。通过市场需求分析，企业可以确定目标客户群体，为制定有针对性的价格策略提供依据。

2. 价格策略的制定

成本导向定价策略：以成本为基础制定价格，确保企业盈利。这种策略适用于需求相对稳定、竞争不激烈的市场环境。

需求导向定价策略：根据市场需求和消费者心理预期制定价格。这种策略适用于需求波动较大、竞争激烈的市场环境。

竞争导向定价策略：以竞争对手的定价为参考，制定具有竞争力的价格。这种策略适用于市场竞争激烈、消费者对价格敏感的市场环境。

（四）价格与销量的协同管理

1. 平衡价格与销量的关系

物流服务企业在管理价格与销量的关系时，需要寻求平衡点。既要确保价格具有竞争力，吸引客户，又要避免过度降价导致利润下降。企业可以通过市场调研、客户反馈和数据分析等手段，不断优化价格策略，实现价格与销量的协同增长。

2. 利用价格促销手段提升销量

折扣促销：通过提供折扣优惠吸引客户购买，刺激销量增长。

捆绑销售：将不同服务产品组合在一起销售，提高客户购买价值感和满意度。

会员制度：设立会员制度，为会员提供专属优惠和增值服务，增强客户忠诚度。

3. 关注市场动态调整价格策略

物流服务企业需要密切关注市场动态和竞争对手的定价策略变化，及时调整自身价格策略。在市场需求增加或竞争对手提价时，可以适当提高价格；在市场需求减少或竞争对手降价时，可以适当降低价格。通过灵活调整价格策略，企业可以更好地适应市场变化，保持竞争力。

（五）总结与展望

价格与销量的关系管理是物流服务企业市场营销的重要组成部分。通过深入理解价格变动对销量的影响、制定符合市场需求的价格策略及实现价格与销量的协同管理，企业可以更好地应对市场竞争挑战，实现盈利和市场份额的稳定增长。未来，随着市场竞争的加剧和消费者需求的不断变化，价格与销量的关系管理将更加复杂和具有挑战性。因此，物流服务企业需要不断创新和完善价格与销量的关系管理策略，以适应不断变化的市场环境并实现可持续发展。同时，政府和社会各界也应关注物流服务行业的健康发展，为其营造良好的政策环境和市场氛围。

三、价格与产品质量的平衡

在市场竞争日益激烈的今天，价格与产品质量成为消费者极为关心的两个因素。如何在保证产品质量的同时，又能够让消费者接受产品的价格，成为企业和商家需要面临的重要问题。本部分内容将从多个方面探讨价格与产品质量的平衡问题。

（一）价格与产品质量的关系

价格是消费者购买产品时极为关心的因素之一，而产品质量则是消费者是否愿意再次购买该产品的关键因素。价格与产品质量之间存在着密切的关系。一般来说，高质量的产品往往价格较高，而低质量的产品则价格较低。这是因为高质量的产品需要更多的投入和更高的技术要求，而低质量的产品则可以通过降低生产成本来获得更低的价格。

然而，价格与产品质量之间的关系并不是绝对的。有些企业会采取低价策略，通过降低生产成本、减少附加值等方式来降低产品价格，从而吸引更多的消费者。而有些企业则会采取高价策略，通过提高产品质量、增加附加值等方式来提高产品价格，从而满足高端消费者的需求。

（二）价格与产品质量的平衡策略

1. 精准定位市场需求

企业和商家需要深入了解目标消费者的需求和偏好，从而精准定位市场需求。在定位市场需求时，需要考虑消费者的购买能力、消费心理、使用场景等因素。通过对目标市场的精准定位，企业和商家可以制定更加符合消费者需求的产品和价格策略，从而实现价格与产品质量的平衡。

2. 优化产品设计和生产流程

企业和商家需要不断优化产品设计和生产流程，提高产品的附加值和竞争力。通过优化产品设计和生产流程，可以降低生产成本、提高产品质量，从而实现价格与产品质量的平衡。同时，优化产品设计和生产流程还可以提高产品的差异化程度，满足消费者的个性化需求。

3. 强化品牌建设和营销推广

品牌建设和营销推广是企业和商家实现价格与产品质量平衡的重要手段。通过品牌建设和营销推广，可以提高产品的知名度和美誉度，增加消费者对产品的信任和认可。在品牌建设和营销推广中，企业和商家需要注重与消费者的互动和沟通，积极回应消费者的反馈和需求，从而建立良好的品牌形象和口碑。

4. 灵活调整价格和促销策略

价格和促销策略是实现价格与产品质量平衡的重要手段。企业和商家需要根据市场需求、竞争态势和消费者反馈等因素，灵活调整价格和促销策略。在价格调整中，需要综合考虑成本、利润和消费者接受度等因素，避免过高或过低的价格影响产品的销售。在促销策略中，可以通过优惠券、满减、赠品等方式来吸引消费者购买，提高产品的销量和市场占有率。

（三）总结与展望

价格与产品质量的平衡是企业和商家需要面临的重要问题。通过精准定位市场需求、优化产品设计和生产流程、强化品牌建设和营销推广及灵活调整价格和促销策略等手段，企业和商家可以实现价格与产品质量的平衡，提高产品的竞争力和市场占有率。在未来的市场竞争中，企业和商家需要不断创新和进步，不断提高产品质量和服务水平，为消费者提供优质的产品和服务。

四、价格变动对消费者行为的影响

价格作为市场经济中最为敏感的信号之一，其变动直接影响着消费者的购买决策和消费行为。价格变动不仅反映了市场供求关系的变化，也体现了商品或服务价值的波动。对于消费者而言，价格变动意味着购买成本的改变，进而影响其购买意愿和购买能力。本部分内容将从多个方面探讨价格变动对消费者行为的影响。

（一）价格变动与消费者心理

价格变动首先影响的是消费者的心理预期和感受。当价格上涨时，消费者可能会感到不满和抵触，认为商品或服务的价值没有得到合理体现；当价格下降时，消费者则可能感到兴奋和满意，认为自己获得了实惠。这种心理预期和感受直接影响着消费者的购买决策和购买行为。

（二）价格变动与消费者购买意愿

价格变动会对消费者的购买意愿产生直接的影响。价格上涨时，如果消费者的购买能力有限，他们可能会减少购买量或选择其他替代品；当价格下降时，消费者可能会增加购买量或尝试更多的新产品。此外，价格变动还可能影响消费者对商品或服务的评价，从而影响其购买意愿。例如，当价格上涨时，消费者可能会认为商品或服务的质量有所下降，从而降低购买意愿。

（三）价格变动与消费者购买行为

价格变动不仅影响消费者的购买意愿，还直接影响其购买行为。当价格上涨时，消费者可能会调整购买计划，减少不必要的开支；当价格下降时，消费者可能会抓住机会，增加购买量或尝试更多的新产品。此外，价格变动还可能影响消费者的购买时间和购买地点。例如，当价格上涨时，消费者可能会选择在促销活动期间购买，以获得更多的优惠；而当价格下降时，消费者可能会选择到更远的地点购买，以获取更低的价格。

（四）价格变动对不同消费者群体的影响

不同消费者群体对价格变动的反应和敏感度存在差异。例如，对于收入较高的消费者群体，价格变动可能对其购买行为的影响较小，因为他们更加注重商品或服务的品质和体验；而对于收入较低的消费者群体，价格变动可能对其购买行为产生较大的影响，因为他们更加注重性价比。此外，不同消费者群体对价格变动的认知和理解也存在差异。这也会影响其购买决策和购买行为。

（五）价格变动对企业营销策略的影响

价格变动不仅影响消费者的购买行为，还影响着企业的营销策略。当价格上涨时，企业可能需要通过提高产品质量、增加附加值等方式来增强消费者的购买意愿和忠诚度；而当价格下降时，企业则需要通过优化生产流程、降低成本等方式来保持产品的竞争力。此外，企业还需要密切关注市场需求和竞争态势，灵活调整价格和促销策略，以应对价格变动带来的挑战和机遇。

（六）总结与展望

价格变动是市场经济中不可避免的现象，其对消费者行为的影响是复杂而多样的。消费者在面对价格变动时，需要根据自身的经济状况、心理预期和购买需求来作出合理的购买决策。而企业则需要密切关注市场需求和价格变动趋势，灵活调整营销策略和产品策略，以应对市场变化和消费者需求的变化。在未来的市场竞争中，企业和消费者都需要不断提高适应能力和创新能力，以应对价格变动带来的挑战和机遇。

五、价格与品牌形象的关联

在市场竞争日益激烈的今天，价格与品牌形象成为消费者选择商品或服务时的重要考量因素。价格不仅代表着商品或服务的成本，更在一定程度上反映了品牌的定位、品质和声誉。而品牌形象则是消费者对品牌的整体认知和印象，包括品牌的知名度、美誉度、忠诚度等。价格与品牌形象之间存在着密切的关联，二者相互影响、相互塑造。本部分内容将从多个方面探讨价格与品牌形象的关联，以期为企业和消费者提供一些有益的参考。

（一）价格对品牌形象的影响

价格是品牌形象塑造的关键因素之一。价格的高低直接影响着消费者对品牌的认知和评价。一般来说，高价格往往能够传递出品牌的高品质、高档次和高价值的形象，而低价格则可能使消费者认为品牌缺乏品质保证或存在某些缺陷。这种价格与品牌形象之间的关联在消费者心中形成了固定的认知模式。

然而，价格对品牌形象的影响并不是绝对的。有时候，高价格并不一定能够带来积极的品牌形象，如果品牌不能提供与价格相匹配的高品质和服务，消费者可能会对品牌产生失望和不满。同样，低价格也并不一定意味着品牌形象的负面。如果品牌能够通过创新、差异化或提供超值服务等方式来弥补价格上的不足，消费者仍然可以对品牌产生良好的印象和忠诚度。

（二）品牌形象对价格的影响

品牌形象也会对价格产生反作用。一个具有良好品牌形象的企业或产品往往能够获得更高的价格。消费者对品牌的信任和认可使得他们愿意为同样的商品或服务支付更高的价格。相反，如果品牌形象不佳或存在负面评价，消费者可能会对价格更加敏感和挑剔，导致企业难以获得理想的销售价格。

品牌形象对价格的影响还体现在品牌的定价策略上。一般来说，高端品牌往往会采取高价策略来维护其品牌形象和市场份额，而低端品牌则可能采取低价策略来吸引消费者和扩大市场份额。这种定价策略的选择与品牌形象息息相关，反映了品牌在市场中的定位和消费者的购买心理。

（三）价格与品牌形象的平衡

在实际的市场竞争中，企业和商家需要寻求价格与品牌形象的平衡。过高的价格可能会使消费者望而却步，影响品牌的市场份额和竞争力；而过低的价格则可能损害品牌的形象和声誉，降低消费者对品牌的信任度和忠诚度。因此，企业和商家需要根据市场需求、竞争态势和消费者心理等因素来制定合理的价格策略，以维护品牌形象的稳定和可持续发展。

为了实现价格与品牌形象的平衡，企业和商家可以采取以下措施：首先，通过提高产品或服务的品质和附加值来增加消费者对品牌的认同感和忠诚度；其次，加强品牌宣传和推广，提高品牌的知名度和美誉度；最后，灵活调整价格和促销策略，根据市场变化和消费者需求的变化来制定相应的价格策略。

（四）总结与展望

价格与品牌形象之间存在着密切的关联和互动。价格不仅影响着消费者对品牌的认知和评价，还反映着品牌的定位、品质和声誉。而品牌形象则对价格产生反作用，影响着企业的定价策略和消费者的购买决策。因此，企业和商家需要深入理解和把握价格与品牌形象的关联，制定合理的价格策略，以维护品牌形象的稳定和可持续发展。在未来的市场竞争中，只有不断创新和进步的企业和商家才能够在价格与品牌形象的平衡中取得成功。

第三节　物流服务企业的价格策略与营销组合

一、价格策略与营销组合的关联

在市场营销中，价格策略是企业为了实现营销目标而采取的一种重要手段。它与其他营销组合要素密切相关，共同构成了企业营销战略的核心。本部分内容将详细探讨价格策略与营销组合其他要素之间的关系及其在企业营销战略中的作用。

（一）价格策略与产品策略

产品策略是营销组合中的基本要素之一，它涉及产品的设计、开发、生产、包装等方面。价格策略与产品策略之间存在着密切的联系。首先，产品的定价应该与产品的定位、品质和特点相符合。高端、高品质的产品往往定价较高，以体现其独特性和价值；而低端、普通的产品则可能定价较低，以吸引更多的消费者。其次，产品的生命周期也会影响价格策略的制定。在产品引入期，为了快速占领市场，企业可能采取低价策略；而在产品成熟期，为了保持市场份额和利润，企业可能会调整价格策略，提高产品价格。

（二）价格策略与促销策略

促销策略是企业为了促进产品销售而采取的一系列措施，包括广告、销售促进、公关活动等。价格策略与促销策略之间存在着相互促进的关系。一方面，价格优惠和促销活动可以吸引更多的消费者购买产品，提高销售额；另一方面，通过促销活动可以提高消费者对产品的认知度和好感度，为产品价格的提高创造有利条件。因此，在制定促销策略时，企业需要考虑价格因素，确保促销活动与价格策略相互协调，实现最佳的营销效果。

（三）价格策略与渠道策略

渠道策略是企业为了实现产品销售而选择的销售渠道和分销方式。价格策略与渠道策略之间也存在着相互影响的关系。首先，不同的销售渠道和分销方式会对产品价格产生影响。例如，直接销售渠道通常可以降低成本，有利于企业制定更具竞争力的价格策略；而间接销售渠道则可能会增加成本，导致产品价格上升。其次，价格策略也会影响渠道策略的选择。如果企业采取低价策略，可能会选择更多的销售渠道和分销方式来扩大市场份额；而如果企业采取高价策略，则可能需要谨慎选择渠道策略，以确保产品的高品质和高价值得到充分体现。

（四）价格策略与市场定位

市场定位是企业根据目标市场的需求和竞争态势来确定自身产品或服务在市场中的位置和形象。价格策略与市场定位密切相关，因为价格是反映产品或服务价值的重要信号。通过制定合理的价格策略，企业可以向目标市场传递出清晰的市场定位信息。例如，高端市场的定价策略通常较高，以体现产品或服务的高品质和独特性；而低端市场的定价策略则可能较低，以吸引更多的消费者。同时，市场定位也会影响价格策略的制定。不同的市场定位意味着不同的目标消费者群体和消费需求，企业需要根据市场定位来制定符合消费者心理预期和购买能力的价格策略。

（五）价格策略与竞争环境

竞争环境是企业制定价格策略时必须考虑的重要因素之一。在激烈的市场竞争中，企业需要根据竞争对手的定价策略、产品品质、市场份额等因素来制定自身的价格策略。如果竞争对手采取低价策略，企业可能需要考虑是否跟进或者通过提高产品品质、增加附加值等方式来应对；如果竞争对手采取高价策略，企业则需要考虑是否通过提高性价比或者采用差异化策略来吸引消费者。同时，企业也需要关注市场变化和消费者需求的变化，灵活调整价格策略，以应对竞争环境的变化。

（六）总结

价格策略是营销组合中的重要因素之一，它与其他营销组合要素之间存在着密切的联系。在制定价格策略时，企业需要综合考虑产品策略、促销策略、渠道策略、市场定位及竞争环境等因素，确保价格策略与其他营销组合要素相互协调、相互促进。只有这样，企业才能在激烈的市场竞争中立于不败之地并实现可持续发展。

二、价格战策略与风险管理

在市场竞争日益激烈的商业环境中，价格战策略时常被企业用作争夺市场份额和消费者的一种手段。然而，价格战不仅是一场对成本和效率的考验，更是一场对企业风险管理能力的挑战。本部分内容将详细探讨价格战策略与风险管理之间的关系，分析价格战可能带来的风险，并探讨如何有效进行风险管理。

（一）价格战策略概述

价格战策略通常指企业通过降低产品或服务的价格来吸引消费者，扩大市场份额，进而提升企业的盈利能力和竞争力。然而，价格战并非无懈可击，它往往伴随着一系列潜在的风险和挑战。

（二）价格战策略的风险

利润下降：价格战最直接的风险是利润下降。为了维持低价，企业可能需要牺牲一部分利润空间。这将对企业的盈利能力和长期发展产生负面影响。

品牌形象受损：如果企业频繁使用价格战策略，可能会使消费者认为品牌缺乏独特性或品质保证，从而降低品牌的形象和价值。

产品质量和服务下降：为了应对价格战带来的成本压力，企业可能会降低产品或服务的质量。这将对消费者体验和忠诚度产生负面影响。

市场恶性竞争：如果竞争对手也采取价格战策略，市场可能会陷入恶性竞争，导致整个行业的利润水平下降，甚至损害整个行业的健康发展。

（三）风险管理策略

定价策略优化：企业应根据市场需求、成本结构和竞争态势来制定合理的定价策略，避免盲目跟风或过度降价。同时，企业还可以通过提供差异化产品或服务来创造独特的竞争优势，避免陷入价格战。

成本控制与效率提升：企业应加强成本控制，通过优化生产流程、降低采购成本、提高生产效率等方式来应对价格战带来的成本压力。此外，企业还可以通过技术创新和流程改进来提升产品或服务的附加值，增强竞争力。

品牌形象塑造与维护：企业应注重品牌形象的塑造和维护，通过提供高品质的产品和服务来建立品牌声誉。在价格战中，企业应坚守品质底线，避免以牺牲品质为代价换取市场份额。

风险预警与监控：企业应建立完善的风险预警和监控机制，及时发现和评估价格战可能带来的风险。通过定期分析市场数据、竞争对手动态和消费者需求等信息，企业可以预测价格战的发展趋势，从而提前做好应对准备。

合作与联盟：面对激烈的市场竞争和价格战风险，企业可以考虑与其他企业或机构建立合作与联盟关系。通过共享资源、分摊成本、互利共赢等方式，企业可以降低价格战带来的风险，同时提高整体竞争力。

（四）总结与展望

价格战策略是一把双刃剑，既能扩大市场份额和提升消费者吸引力，也可能导致利润下降、品牌形象受损等风险。因此，企业在制定和执行价格战策略时，必须充分考虑风险管理的重要性。通过优化定价策略、成本控制与效率提升、品牌形象塑造与维护、风险预警与监控及合作与联盟等风险管理策略，企业可以有效降低价格战带来的风险，实现可持续发展。在未来的市场竞争中，那些能够妥善处理价格战与风险管理关系的企业将更有可能脱颖而出，取得成功。

三、价格透明化与信息披露

随着信息技术的飞速发展和全球市场的日益融合，价格透明化已成为商业领域的一个重要议题。价格透明化意味着消费者和企业更容易获取有关产品或服务价格的信息。这不仅影响了消费者的购买决策，也对企业的经营策略和市场竞争力产生了深远影响。同时，信息披露作为保障价格透明化的重要手段，也扮演着举足轻重的角色。

（一）价格透明化的内涵与意义

价格透明化指的是商品或服务的价格信息能够被消费者和企业轻易获取和理解的过程。在互联网时代，价格透明化主要体现在以下几个方面：

价格比较的便利性：消费者可以轻松地在不同平台或渠道比较相同商品或服务的价格，从而作出明智的购买决策。

信息获取的即时性：通过互联网和移动应用，消费者可以实时获取最新的价格信息，及时调整购买计划。

价格波动的实时反馈：价格透明化使得消费者和企业能够及时了解市场价格的变化，从而作出相应的市场策略调整。

价格透明化的意义在于：

保护消费者权益：价格透明化让消费者能够了解真实的市场价格信息，避免被不合理定价所损害。

促进市场竞争：价格透明化有助于消除信息不对称，使得企业之间的竞争更加公平。

提高市场效率：价格透明化有助于资源的合理配置和市场的有效运行，可促进经济的持续发展。

（二）信息披露在价格透明化中的作用

信息披露是指企业或机构向公众公开其经营活动的相关信息，包括财务状况、业务运营、价格策略等。在价格透明化的背景下，信息披露的作用主要体现在以下几个方面：

增强消费者信任：通过充分披露价格信息，企业能够增强消费者对其产品和服务的信任度，从而提高品牌声誉和市场份额。

促进市场公平：信息披露有助于消除市场上的信息不对称现象，使得所有参与者都能在相同的信息基础上进行决策和交易。

规范市场秩序：通过强制性的信息披露制度，政府可以规范市场秩序，防止市场操纵和价格欺诈行为的发生。

（三）价格透明化与信息披露面临的挑战

尽管价格透明化和信息披露具有诸多积极意义，但在实际操作中也面临着不少挑战：

数据安全和隐私保护问题：随着价格信息的公开和共享，消费者的个人数据和隐私信息可能面临泄露和滥用的风险。

信息真实性和准确性问题：在信息披露的过程中，如何保证信息的真实性和准确性是一个亟待解决的问题。虚假或误导性的价格信息可能导致市场混乱和消费者利益受损。

企业利益冲突问题：价格透明化可能导致企业之间的竞争加剧，一些企业可能出于保护自身利益的目的而抵制价格透明化。

（四）应对价格透明化与信息披露挑战的策略

为了应对上述挑战，政府、企业和消费者需要共同努力，采取以下策略：

加强法律法规建设：政府应制定和完善相关法律法规，规范企业的信息披露行为，保护消费者的合法权益。

提升数据安全保护水平：企业和政府应加强数据安全保护技术的研发和应用，确保消费者个人数据和隐私信息不被泄露和滥用。

建立信息审核机制：政府和企业应建立信息审核机制，对公开的价格信息进行审核和验证，确保其真实性和准确性。

加强宣传教育和引导：政府和社会组织应加强价格透明化和信息披露的宣传教育，提高消费者的信息获取能力和风险意识。

鼓励企业自律和合作：政府应鼓励企业自觉遵守价格透明化和信息披露的相关规定，同时加强企业间的合作与交流，共同推动市场的健康发展。

（五）总结与展望

价格透明化与信息披露是现代市场经济不可或缺的重要组成部分。通过加强法律法规建设、提升数据安全保护水平、建立信息审核机制、加强宣传教育和引导及鼓励企业自律和合作等策略的实施，我们可以有效应对价格透明化与信息披露面临的挑战，推动市场的公平、透明和高效运行。在未来的发展中，我们期待价格透明化与信息披露能够发挥更大的作用，促进经济的持续发展和社会的繁荣进步。

四、价格策略的动态调整与优化

在快速变化的市场环境中，价格策略的动态调整与优化显得尤为重要。随着消费者需求、竞争对手行为及宏观经济环境的变化，企业需要灵活调整价格策略，以应对市场挑战并保持竞争优势。本部分内容将详细探讨价格策略的动态调整与优化的重要性、方法及实施过程中的关键要素等。

（一）价格策略动态调整与优化的重要性

应对市场变化：市场环境和消费者需求不断变化，价格策略需要随之调整，以保持与市场的同步。动态调整价格策略可以帮助企业更好地满足消费者需求，抓住市场机遇。

保持竞争优势：竞争对手的价格策略变化可能对企业的市场份额和盈利能力产生影响。通过动态调整和优化价格策略，企业可以保持竞争优势，防止市场份额的流失。

提高盈利能力：价格策略的优化有助于企业实现更高的盈利水平。通过合理调整价格，企业可以在保持市场份额的同时提高利润率。

（二）价格策略动态调整与优化的方法

市场调研与分析：通过市场调研，了解消费者需求、竞争对手价格策略及市场趋势，为价格策略的调整提供数据支持。

成本分析：深入了解产品成本结构，包括固定成本和变动成本，以便在调整价格时保持合理的利润空间。

定价策略制定：根据市场调研和成本分析，制定合适的定价策略，可以考虑采用成本加成定价、市场导向定价或价值定价等方法。

实时监控与反馈：建立价格监控机制，实时跟踪市场价格变化和竞争对手动态，及时调整价格策略。同时，收集消费者反馈，了解价格调整对消费者购买行为的影响。

（三）实施价格策略动态调整与优化的关键要素

组织结构与流程优化：企业需要建立灵活的组织结构和高效的决策流程，以便快速响应市场变化和价格策略调整的需求。

跨部门协作与沟通：价格策略的调整需要销售、市场、产品等部门的协同合作。加强部门间的沟通与协作，确保价格策略调整的一致性和有效性。

员工培训与能力提升：加强员工对价格策略调整与优化相关知识和技能的培训，提高员工的市场敏感度和应对能力。

绩效评估与激励机制：建立科学的绩效评估体系，将价格策略调整与优化的成果纳入考核范围。通过激励机制，激发员工参与价格策略调整与优化的积极性。

（四）挑战与应对策略

在实施价格策略动态调整与优化过程中，企业可能面临诸多挑战，如市场需求的不确定性、竞争对手的激烈竞争及法律法规的限制等。为了应对这些挑战，企业需要采取以下策略：

加强市场预测与风险管理：通过加强市场预测和风险管理，企业可以更好地应对市场不确定性，降低价格策略调整的风险。

强化与竞争对手的差异化竞争：通过提供独特的产品或服务，企业可以在竞争中脱颖而出，降低对价格策略的依赖。

遵守法律法规与道德规范：在调整价格策略时，企业需要遵守相关法律法规和道德规范，避免因价格策略调整而引发的法律纠纷和道德风险。

（五）总结

价格策略的动态调整与优化是企业在快速变化的市场环境中保持竞争优势和盈利能力的重要手段。通过市场调研与分析、成本分析、定价策略制定及实时监控与反馈等方法，企业可以灵活调整价格策略，以应对市场挑战。同时，在实施过程中，企业需要关注组织结构与流程优化、跨部门协作与沟通、员工培训与能力提升及绩效评估与激励机制等关键要素，确保价格策略调整与优化工作的顺利进行。在面对挑战时，企业应采取加强市场预测与风险管理、强化与竞争对手的差异化竞争及遵守法律法规与道德规范等策略，确保价格策略调整与优化工作的稳健性和可持续性。

五、价格策略与企业长期发展的关系

价格策略作为企业市场营销组合中的关键要素，对于企业长期发展具有深远的影响。合理的价格策略不仅能够提升企业的市场竞争力，还能够促进企业的品牌建设和客户关系管理，从而为企业创造持续的价值。本部分内容将详细探讨价格策略与企业长期发展之间的关系，分析价格策略对企业长期发展的影响机制，并提出相应的策略建议。

（一）价格策略与企业长期发展的内在联系

价格策略与市场定位：价格是企业向市场传递其产品或服务价值的重要信号。通过制定合理的价格策略，企业可以向消费者展示自己的市场定位，从而吸引目标客户群体。长期而言，明确的市场定位有助于企业建立稳定的品牌形象和消费者认知。

价格策略与品牌建设：价格水平往往与品牌形象和品质感知紧密相连。高价策略往往与高端、优质的品牌形象相关联，而低价策略则可能被视为经济型或大众化的选择。因此，价格策略的选择需要与企业的品牌建设目标相一致，以确保长期品牌价值的提升。

价格策略与客户关系管理：价格是影响消费者购买决策的重要因素之一。通过制定合理的价格策略，企业可以平衡客户需求和企业利润，从而建立长期稳定的客户关系。此外，价格策略还可以作为企业与消费者沟通和互动的工具，通过价格优惠、促销等手段增强客户忠诚度和满意度。

（二）价格策略对企业长期发展的影响机制

促进企业市场份额的扩张：合理的价格策略可以提升企业的市场竞争力，从而吸引更多的消费者，扩大市场份额。长期而言，市场份额的扩张将为企业带来更大的利润空间和更多的资源，为企业长期发展奠定基础。

提升企业盈利能力：价格策略直接影响企业的销售收入和利润水平。通过制定合理的价格策略，企业可以在保持销售量的同时提高利润率，从而提升企业的盈利能力。长期而言，稳定的盈利能力将为企业提供更多的资金支持和创新空间。

促进企业技术创新和产品升级：价格策略的制定需要考虑产品成本和市场需求。为了提升价格竞争力，企业需要不断降低生产成本、提高产品质量，并推动技术创新和产品升级。这些举措有助于提升企业的核心竞争力，为企业长期发展提供源源不断的动力。

（三）制定与长期发展相适应的价格策略建议

坚持价值导向定价：企业应根据产品或服务的实际价值来制定价格策略，确保价格与产品价值相匹配。这有助于提升消费者对产品的认知价值，从而增强企业的市场竞争力。

灵活应对市场变化：随着市场环境的变化，企业需要及时调整价格策略，以适应市场需求。例如，在竞争激烈的市场环境中，企业可以采取低价策略以吸引消费者；而在市场需求旺盛时，企业可以适当提高价格，以获取更高的利润。

强化成本控制与管理：为了提升价格竞争力，企业需要加强成本控制与管理，降低生产成本。这可以通过优化生产流程、提高生产效率、采用先进的生产技术等手段实现。

建立长期客户关系：企业应通过制定合理的价格策略来建立长期稳定的客户关系。例如，企业可以通过提供价格优惠、增值服务等手段来增强客户忠诚度和满意度；同时，企业也需要关注客户需求的变化，及时调整价格策略，以满足客户的期望。

（四）总结与展望

价格策略与企业长期发展之间存在着密切的联系。制定合理的价格策略不仅可以提升企业的市场竞争力和盈利能力，还可以促进企业的品牌建设和客户关系管理，从而为企业创造持续的价值。因此，企业在制定价格策略时需要充分考虑长期发展目标，确保价格策略与企业的整体战略相协调。在未来的发展中，企业需要不断优化价格策略，以适应市场环境的变化和消费者需求的升级，为企业的长期发展奠定坚实的基础。

第 七 章

物流服务企业营销渠道策略

第一节　物流服务企业营销渠道策略概述

一、营销渠道的价值

随着全球化和电子商务的快速发展，物流服务企业在市场中的竞争日益激烈。为了提升市场份额、增强品牌影响力并实现持续增长，制定和实施有效的营销渠道策略变得至关重要。本部分内容将详细概述物流服务企业营销渠道策略的重要性、主要类型、关键因素及优化建议，旨在帮助物流服务企业更好地规划和管理其营销渠道，提升市场竞争力。

（一）物流服务企业营销渠道策略的重要性

营销渠道策略是物流服务企业整体营销战略的重要组成部分，它决定了企业如何将产品或服务传递给目标客户群体。有效的营销渠道策略能够帮助企业扩大市场份额、提高品牌知名度、增强客户满意度，从而实现业务增长和盈利提升。对于物流服务企业而言，选择合适的营销渠道并对其进行有效管理，有助于企业更好地满足客户需求、提升服务质量，并在激烈的市场竞争中脱颖而出。

（二）物流服务企业营销渠道的主要类型

线上营销渠道：随着互联网和电子商务的普及，线上营销渠道成为物流服务企业不可或缺的一部分。常见的线上营销渠道包括企业官方网站、社交媒体平台、在线广告等。这些渠道有助于企业扩大品牌曝光度、吸引潜在客户，并与客户进行实时互动。

线下营销渠道：线下营销渠道主要包括传统的广告投放（如报纸、杂志、电视等）、参加行业展会、举办线下活动等。通过线下渠道，企业可以与目标客户建立更直接的联系，提供更具体的服务和解决方案。

合作伙伴渠道：物流服务企业可以与相关行业的合作伙伴建立合作关系，共同开拓市场。例如，企业可以与电商平台合作提供物流服务、与生产企业合作提供供应链解决方案等。合作伙伴渠道有助于企业拓展业务范围、提高服务质量，并实现资源共享和互利共赢。

（三）影响物流服务企业营销渠道选择的关键因素

目标客户群体：不同的目标客户群体具有不同的需求和偏好，因此企业需要根据目标客户的特征选择适合的营销渠道。例如，针对年轻人群体的物流服务，可能更适合在社交媒体平台进行推广。

产品或服务特性：物流服务企业的产品或服务特性也会影响营销渠道的选择。例如，对于高端定制化的物流服务，可能需要通过专业的行业展会或线下活动来展示企业的专业能力和优势。

营销预算：营销预算是企业制定营销渠道策略时需要考虑的重要因素。不同的营销渠道需要投入不同的资金，企业需要根据自身的财务状况和预算限制来选择合适的营销渠道。

竞争环境：物流服务市场的竞争状况也会影响企业选择营销渠道。在竞争激烈的市场环境中，企业可能需要通过多种渠道进行推广，以提高品牌知名度和市场份额。

（四）优化物流服务企业营销渠道策略的建议

多元化渠道布局：物流服务企业应根据目标客户群体、产品或服务特性等因素，制定多元化的营销渠道策略。通过线上、线下及合作伙伴渠道等方式，全面提升企业的市场覆盖率和品牌影响力。

定期评估与调整：企业应定期对营销渠道的效果进行评估，根据市场变化和客户需求来调整渠道策略。通过数据分析和市场调研，发现潜在的市场机会和渠道优势，不断优化和完善营销渠道布局。

强化渠道协同与整合：企业应加强各营销渠道之间的协同与整合，实现资源共享和优势互补。通过线上、线下的互动及合作伙伴之间的合作等方式，提高营销效率、降低成本，提升整体竞争力。

创新营销手段与技术：随着科技的发展和创新，物流服务企业应积极探索新的营销手段和技术。例如，利用大数据和人工智能技术进行精准营销、运用虚拟现实技术提升客户体验等。通过创新营销手段和技术应用，提升企业的市场竞争力和品牌影响力。

（五）总结

物流服务企业的营销渠道策略是其整体营销战略的重要组成部分，对于企业的市场份额、品牌影响力和客户满意度等方面具有重要影响。企业应综合考虑目标客户群体、产品或服务特性、营销预算和竞争环境等关键因素，制定合适的营销渠道策略，并不断优化和完善。通过多元化渠道布局、定期评估与调整、强化渠道协同与整合及创新营销手段与技术应用等，物流服务企业可以更好地规划和管理其营销渠道，提升市场竞争力并实现持续增长。

二、渠道类型与选择

物流服务企业在面对多元化的市场环境时，渠道类型与选择成为其市场拓展和客户关系建立的关键环节。选择合适的渠道不仅有助于企业高效传递价值，还可以优化资源配置，提升整体运营效率。本部分内容将深入探讨物流服务企业在渠道类型与选择上的考量因素、常见的渠道类型及如何进行渠道选择，旨在为企业制定更为精准的渠道策略提供有益的参考。

（一）渠道类型与选择的考量因素

目标客户群体：不同的客户群体有不同的需求和偏好，因此，物流服务企业需要考虑其目标客户群体的特征，如行业、地域、规模等，从而选择能够覆盖这些目标客户的渠道类型。

服务特性：物流服务具有多样性、复杂性和个性化等特点，企业需要根据其服务特性选择能够充分展示其优势的渠道。例如，对于高端定制化的物流服务，可能需要通过专业的行业展会或一对一的咨询服务来展示企业的专业能力。

成本效益：不同类型渠道的建立和维护成本不同，企业需要根据自身的财务状况和预算限制，选择成本效益高的渠道。这要求企业不仅要考虑短期的投入成本，还要考虑长期的维护成本和收益。

竞争环境：物流服务市场的竞争状况也会影响企业的渠道选择。在竞争激烈的市场环境中，企业可能需要选择多种渠道来扩大市场份额，增加品牌影响力。

（二）常见的物流服务企业渠道类型

直接渠道：直接渠道是指企业直接与客户建立联系并提供服务的渠道。对于物流服务企业而言，直接渠道可能包括自有网站、官方 App、直接销售团队等。这种渠道有助于企业建立与客户的直接联系，可以更好地理解客户需求并提供个性化服务。

间接渠道：间接渠道是指企业通过第三方平台或合作伙伴与客户建立联系的渠道。例如，物流服务企业可以通过电商平台、行业协会、其他服务提供商等间接渠道来拓展业务。这种渠道有助于企业扩大市场覆盖面，降低市场拓展的风险和成本。

社交媒体渠道：随着社交媒体的普及，越来越多的物流服务企业开始利用社交媒体平台来与客户互动和推广服务。社交媒体渠道具有传播速度快、互动性强等特点，有助于企业提高品牌知名度和客户黏性。

线下渠道：尽管数字化趋势明显，但线下渠道仍然是物流服务企业不可忽视的一部分。线下渠道可能包括实体网点、行业展会、客户拜访等。这些渠道有助于企业与客户建立更深入的联系，提供面对面的服务体验。

（三）如何进行渠道选择

明确渠道目标：企业在选择渠道之前，需要明确其渠道目标，如扩大市场份额、提高品牌知名度、提升客户满意度等。这有助于企业根据目标选择最合适的渠道类型。

分析渠道优劣势：企业需要对不同渠道类型的优劣势进行深入分析，包括覆盖范围、成本效益、客户黏性等方面。这有助于企业选择最适合自身发展需要的渠道。

整合渠道资源：企业在选择渠道时，需要考虑如何整合各种渠道资源，以实现渠道之间的协同作用。例如，企业可以通过线上渠道吸引潜在客户，然后通过线下渠道提供面对面的服务体验。

持续优化渠道策略：市场环境和客户需求是不断变化的，企业需要持续优化其渠道策略以适应这些变化。这包括定期评估渠道效果、调整渠道布局、引入新的渠道类型等。

（四）总结与展望

渠道类型与选择对于物流服务企业的市场拓展和客户关系建立具有重要意义。企业需要综合考虑目标客户群体、服务特性、成本效益和竞争环境等因素，选择最合适的渠道类型。同时，企业还需要不断优化和整合各种渠道资源，以实现渠道之间的协同作用，提升整体运营效率和市场竞争力。在未来的发展中，随着市场环境和客户需求的变化，物流服务企业需要持续关注渠道策略的调整和优化，以适应不断变化的市场需求。

三、渠道伙伴关系的建立与管理

在当今的商业环境中，物流服务企业越来越依赖各种渠道伙伴来扩大市场份额，提高服务质量和效率。因此，建立和管理良好的渠道伙伴关系成为物流服务企业成功的关键。本部分内容将深入探讨物流服务企业在建立和管理渠道伙伴关系方面的策略，包括选择合适的渠道伙伴、建立互信关系、优化合作流程、处理冲突与分歧及评估和调整伙伴关系等方面，旨在为企业提供有益的参考和指导。

（一）选择合适的渠道伙伴

选择合适的渠道伙伴是建立成功渠道关系的第一步。物流服务企业在选择渠道伙伴时，应考虑以下几个因素：

兼容性：渠道伙伴的经营理念、企业文化和服务质量应与物流服务企业相匹配，以确保双方能够顺畅合作。

能力：渠道伙伴应具备必要的物流设施、技术和管理能力，以满足物流服务企业的需求。

声誉：渠道伙伴的市场声誉和客户满意度是评估其可靠性的重要指标。

地理位置：渠道伙伴的地理位置应有助于物流服务企业扩大市场覆盖和提高服务效率。

通过综合考虑以上因素，物流服务企业可以筛选出合适的渠道伙伴，为建立稳定的渠道关系奠定基础。

（二）建立互信关系

建立互信关系是渠道伙伴关系成功的关键。物流服务企业和渠道伙伴之间应相互信任、尊重和支持，以实现共同的目标。为此，双方可以采取以下措施：

信息共享：建立透明的信息共享机制，确保双方能够及时获取有关市场需求、服务质量和运营状况的信息。

沟通机制：建立定期沟通机制，如季度或年度会议，以便双方就合作进展、问题和解决方案进行充分交流。

共同目标：明确共同的目标和价值观，确保双方能够在合作过程中保持一致的方向和动力。

通过加强沟通和信息共享，物流服务企业和渠道伙伴可以建立更加紧密和互信的关系，为合作提供有力保障。

（三）优化合作流程

为了提高合作效率和质量，物流服务企业和渠道伙伴应共同优化合作流程。这包括以下几个方面：

标准化操作：制定统一的操作标准和流程，确保双方在服务提供、订单处理、运输和配送等方面能够高效协作。

协同工作：加强双方之间的协同工作，确保在供应链管理、库存控制、订单跟踪等方面能够紧密配合，提高整体运营效率。

持续改进：定期对合作流程进行评估和改进，及时发现和解决潜在的问题，提升合作质量和效率。

通过优化合作流程，物流服务企业和渠道伙伴可以实现更加高效和顺畅的协作，提高整体服务水平和客户满意度。

（四）处理冲突与分歧

在渠道伙伴关系中，冲突和分歧是难以避免的。物流服务企业应积极应对这些问题，采取合适的措施加以解决。这包括：

建立解决机制：制定明确的冲突解决机制，如调解、仲裁或谈判等方式，以便在出现分歧时能够及时找到解决方案。

倾听与理解：在处理冲突时，双方应倾听对方的观点和诉求，理解彼此的利益和需求，寻求共同认可的解决方案。

维护关系：尽管存在冲突和分歧，但双方应始终致力于维护良好的合作关系，确保问题不会对整个合作造成负面影响。

通过妥善处理冲突和分歧，物流服务企业和渠道伙伴可以保持稳定的合作关系，促进双方共同发展。

（五）评估和调整伙伴关系

为了保持渠道伙伴关系的活力和竞争力，物流服务企业应定期对伙伴关系进行评估和调整。这包括：

定期评估：定期对渠道伙伴的绩效、合作态度和潜力进行评估，确保双方的合作符合企业的战略目标和市场需求。

调整策略：根据评估结果和市场变化，及时调整合作策略和目标，以适应不断变化的市场环境和客户需求。

终止合作：如果渠道伙伴的表现持续不佳或双方之间的合作无法达到预期效果，物流服务企业应考虑终止合作，寻找更合适的伙伴。

通过定期评估和调整伙伴关系，物流服务企业可以确保与渠道伙伴的合作始终保持最佳状态，为企业的发展提供有力支持。

（六）总结与展望

建立和管理良好的渠道伙伴关系对于物流服务企业的成功至关重要。通过选择合适的渠道伙伴、建立互信关系、优化合作流程、处理冲突与分歧及评估和调整伙伴关系等，物流服务企业可以与渠道伙伴实现更加紧密和高效的合作，共同应对市场挑战并实现共同发展。在未来的发展中，物流服务企业应持续关注渠道伙伴关系的发展变化，不断调整和优化合作策略，以适应不断变化的市场环境和客户需求。

第二节　物流服务企业营销渠道管理与优化

一、渠道冲突与协调

渠道冲突是物流服务企业在运营过程中常见的挑战之一。当不同渠道之间出现利益冲突、资源争夺或目标不一致时，可能会导致渠道效率下降、客户满意度受损，甚至影响企业的整体发展。因此，有效识别、管理和协调渠道冲突成为物流服务企业的关键任务。本部分内容将深入探讨渠道冲突的类型与原因及其对物流服务企业的影响，并提出相应的协调策略等，旨在为企业构建和谐的渠道关系提供指导。

（一）渠道冲突的类型与原因

类型：渠道冲突可以分为水平冲突、垂直冲突和多渠道冲突。水平冲突发生在同一层次的渠道成员之间，如不同地区的分销商之间的竞争；垂直冲突涉及不同层次的渠道成员，如制造商与分销商之间的冲突；多渠道冲突则源于企业同时使用多种渠道类型，如线上与线下渠道的竞争。

原因：导致渠道冲突的原因多种多样，包括目标不一致、资源争夺、角色模糊、感知差异等。例如，不同渠道成员可能追求不同的销售目标，导致资源分配不均；或者各方对彼此的角色和责任存在误解，从而引发冲突。

（二）渠道冲突对物流服务企业的影响

渠道冲突对物流服务企业的影响表现在多个层面。首先，冲突可能导致渠道效率降低，增加运营成本；其次，冲突可能影响客户满意度，损害企业声誉；最后，长期的冲突可能破坏渠道关系，影响企业的长期发展。因此，物流服务企业需要高度重视渠道冲突的管理和协调。

（三）渠道冲突的协调策略

明确渠道角色与责任：企业应明确各渠道成员的角色和责任，确保各方对彼此的工作范围和期望有清晰认识。这有助于减少因角色模糊引发的冲突。

建立沟通机制：企业应建立有效的沟通机制，促进渠道成员之间的信息共享和沟通。通过定期举行会议、分享市场信息和销售数据等方式，增进彼此的了解和信任。

制定共同目标：企业应引导渠道成员制定共同的销售目标和市场策略，使各方利益达成一致。这有助于减少因目标不一致而引发的冲突。

合理分配资源：企业应根据各渠道成员的实际需求和贡献，合理分配资源和支持。确保各方在资源分配上感到公平和满意，减少因资源争夺而引发的冲突。

引入第三方调解：当渠道冲突无法通过内部沟通解决时，企业可以考虑引入第三方调解机构或专业人士进行调解。第三方调解可以提供客观、公正的意见和建议，帮助各方达成和解。

（四）预防渠道冲突的策略

除了协调现有冲突，预防渠道冲突同样重要。以下是预防渠道冲突的策略：

渠道选择与培训：在选择渠道成员时，企业应进行全面评估，确保所选成员与企业的文化和价值观相符。同时，对渠道成员进行定期培训，可以提高其对企业战略和市场环境的认识，减少因误解引发的冲突。

制定明确的渠道政策：企业应制定明确的渠道政策，包括价格、促销、服务标准等方面。这有助于规范渠道成员的行为，减少因政策模糊引发的冲突。

建立激励机制：企业应建立合理的激励机制，对表现优秀的渠道成员给予奖励和支持。这有助于激发渠道成员的积极性和合作意愿，减少因利益争夺引发的冲突。

定期评估与调整：企业应定期对渠道关系进行评估和调整，确保渠道策略与市场环境和企业目标保持一致。对存在冲突的渠道关系，可以及时进行调整和优化，避免冲突升级。

（五）总结与展望

渠道冲突是物流服务企业在运营过程中不可避免的问题。通过明确渠道角色与责任、建立沟通机制、制定共同目标、合理分配资源及引入第三方调解等策略，企业可以有效协调和管理渠道冲突。同时，通过预防渠道冲突的策略，企业可以进一步降低冲突发生的可能性。在未来的发展中，物流服务企业应持续关注渠道关系的变化和发展趋势，不断完善和优化渠道冲突管理与协调机制，以确保渠道体系的稳定和高效运行。这有助于企业提高市场竞争力、实现可持续发展并为客户创造更大价值。

二、渠道优化与整合

在当今高度竞争的商业环境中，物流服务企业面临着来自市场、技术和客户需求等方面的挑战。为了保持竞争优势并实现可持续发展，渠道优化与整合成为物流服务企业不可忽视的战略选择。本部分内容将深入探讨渠道优化与整合的重要性、方法及其对企业的影响等，旨在为物流服务企业提供有益的指导和建议。

（一）渠道优化与整合的重要性

渠道优化与整合是物流服务企业提高运营效率、降低成本、增强市场竞争力的重要手段。通过优化渠道结构、整合渠道资源，企业可以实现资源共享、协同发展和风险共担，从而更好地满足客户需求，提升服务质量和效率。同时，渠道优化与整合还有助于企业构建紧密、稳定的渠道关系，形成强大的渠道合力，共同应对市场变化和竞争挑战。

（二）渠道优化与整合的方法

分析现有渠道结构：物流服务企业应首先对现有渠道结构进行全面分析，了解各渠道的优劣势、覆盖范围和潜在增长空间。这有助于企业识别出需要优化和整合的渠道，为后续的决策提供依据。

明确渠道优化目标：企业应明确渠道优化的目标，如提高服务效率、降低成本、扩大市场份额等。这些目标将指导企业在优化过程中作出正确的决策和调整。

整合渠道资源：通过整合现有渠道资源，实现资源共享和协同发展。例如，企业可以整合仓储、运输和配送等资源，提高资源利用效率；同时，通过整合线上线下渠道，实现渠道互补和优势互补，提升整体竞争力。

引入先进技术和管理手段：利用现代信息技术和管理手段，提升渠道管理和运营效率。例如，采用物联网、大数据和人工智能等技术，实现渠道信息的实时采集和分析，提高决策效率和准确性。

建立渠道合作机制：通过建立渠道合作机制，促进渠道成员之间的协同合作和共同发展。例如，企业与供应商、分销商等建立长期稳定的合作关系，共同应对市场变化和竞争挑战。

（三）渠道优化与整合的影响

渠道优化与整合对物流服务企业的影响表现在多个方面。首先，通过优化渠道结构和整合资源，企业可以提高运营效率、降低成本，从而增强市场竞争力；其次，优化与整合有助于企业更好地满足客户需求，提升服务质量和效率，增强客户黏性；最后，通过整合渠道资源和发展多元化渠道，企业可以拓展市场份额、实现业务增长，为企业的长期发展奠定坚实基础。

（四）实施策略与建议

在实施渠道优化与整合的过程中，物流服务企业应注意以下几点：

全面评估现有渠道结构：在制定优化与整合方案前，企业应全面评估现有渠道结构，确保方案的科学性和可行性。

制定明确的优化与整合目标：企业应明确渠道优化与整合的目标，确保各项措施和策略与目标保持一致。

注重技术与管理的创新：企业应积极引入先进技术和管理手段，提升渠道管理和运营效率，增强企业的核心竞争力。

建立稳定的渠道合作关系：通过建立长期稳定的渠道合作关系，促进渠道成员之间的协同合作和共同发展，实现资源共享和风险共担。

持续监控与调整：在实施过程中，企业应持续监控渠道优化与整合的效果，及时发现问题并进行调整，确保优化与整合目标的顺利实现。

（五）总结与展望

渠道优化与整合是物流服务企业在竞争激烈的市场环境中保持优势、实现可持续发展的关键。通过分析现有渠道结构、明确优化与整合目标、整合渠道资源、引入先进技术和管理手段及建立渠道合作机制等方法，企业可以提高运营效率、降低成本、增强市场竞争力，实现业务增长和市场份额的拓展。在未来的发展中，物流服务企业应持续关注渠道优化与整合的趋势和动态，不断完善和优化渠道体系，以适应不断变化的市场环境和客户需求。这有助于企业构建高效、稳定、可持续的渠道体系，为企业的长期发展奠定坚实基础。

三、电子商务与网络营销渠道

随着信息技术的飞速发展和互联网的普及，电子商务和网络营销渠道已经成为现代商业领域中不可或缺的重要组成部分。对于物流服务企业而言，利用电子商务和网络营销渠道不仅可以拓展业务范围、提高服务效率，还能够更好地满足客户需求、提升市场竞争力。本部分内容将深入探讨电子商务与网络营销渠道的发展、特点、应用及其对物流服务企业的影响等，旨在为企业在这一领域的发展提供有益的指导和建议。

（一）电子商务与网络营销渠道的发展概述

电子商务（Electronic Commerce，EC）是指利用互联网技术进行的商业活动，包括在线购物、在线支付、在线交易等。网络营销渠道则是指利用互联网和其他数字媒体进行产品或服务的推广、宣传和销售的渠道。随着互联网的普及和技术的不断进步，电子商务和网络营销渠道得到了快速发展，成为企业拓展市场、提高竞争力的重要手段。

（二）电子商务与网络营销渠道的特点

全球性：电子商务和网络营销渠道具有全球性的特点。企业可以通过这些渠道轻松进入国际市场，拓展业务范围。

交互性：通过互联网，企业可以与客户进行实时互动，了解客户需求，提供个性化的服务。

高效性：电子商务和网络营销渠道可以大大提高交易效率，减少中间环节，降低运营成本。

数据驱动：通过收集和分析用户数据，企业可以准确了解市场需求，制定更有效的营销策略。

（三）电子商务与网络营销渠道在物流服务企业的应用

在线交易平台建设：物流服务企业可以建立在线交易平台，提供在线下单、支付、查询等服务，方便客户进行交易和查询。

网络营销推广：通过搜索引擎优化（SEO）、社交媒体营销（SMM）、电子邮件营销（EDM）等手段，提高企业在互联网上的知名度和影响力，吸引更多潜在客户。

供应链协同管理：利用电子商务和网络营销渠道，实现供应链的协同管理，提高物流效率和客户满意度。

客户关系管理：通过收集和分析客户数据，了解客户需求和行为习惯，提供个性化的服务和解决方案，增强客户黏性。

（四）电子商务与网络营销渠道对物流服务企业的影响

业务拓展与增长：电子商务和网络营销渠道为物流服务企业提供了更广阔的市场空间和更多的业务拓展机会。

提升服务效率：通过应用互联网技术，企业可以优化业务流程、提高服务效率和质量，提升客户满意度。

降低成本：电子商务和网络营销渠道可以降低企业的运营成本和市场推广成本，提高盈利能力。

增加竞争压力：随着越来越多的企业进入电子商务和网络营销领域，物流服务企业面临着越来越大的竞争压力。因此，企业需要不断创新和优化自身的电子商务和网络营销策略，以保持竞争优势。

（五）实施策略与建议

针对电子商务与网络营销渠道的发展和应用，物流服务企业应采取以下策略和建议：

制定明确的电子商务和网络营销战略：企业应明确自身的电子商务和网络营销目标、定位和策略，确保各项措施和策略与目标保持一致。

加强技术投入和人才培养力度：企业应加大在信息技术方面的投入，提高技术水平和创新能力；同时，加强人才培养和引进的力度，打造专业的电子商务和网络营销团队。

整合线上线下资源：企业应充分利用线上线下资源，实现线上线下的协同发展和优势互补，提升整体竞争力。

注重客户体验和服务质量：企业应关注客户需求和行为习惯，提供个性化的服务和解决方案；同时，加强服务质量管理和监督，提高客户满意度和忠诚度。

持续创新和优化：企业应持续关注电子商务和网络营销领域的发展趋势和动态，不断创新和优化自身的电子商务和网络营销策略和模式，以适应不断变化的市场环境和客户需求。

（六）总结与展望

电子商务和网络营销渠道已成为物流服务企业发展的重要推动力。通过充分利用这些渠道，企业可以拓展业务范围、提高服务效率、降低成本、增强市场竞争力。在未来的发展中，随着技术的不断进步和市场的不断变化，电子商务和网络营销渠道将继续发挥重要作用。因此，物流服务企业应持续关注这一领域的发展趋势和动态，不断完善和优化自身的电子商务和网络营销策略和模式，以适应市场的变化和挑战。同时，政府和社会各界也应加强对电子商务和网络营销领域的支持和引导，推动其健康、快速发展。这有助于物流服务企业在新的市场环境下实现持续、稳定发展，为社会和经济的繁荣作出更大的贡献。

四、实体渠道与网络渠道的融合

随着互联网的普及和电子商务的迅猛发展，传统的实体渠道与新兴的网络渠道之间的融合已成为不可逆转的趋势。对于物流服务企业而言，这种融合不仅带来了前所未有的机遇，也伴随着一系列挑战。本部分内容将深入探讨实体渠道与网络渠道融合的意义、现状、策略及其对企业的影响。

（一）实体渠道与网络渠道融合的意义

实体渠道与网络渠道的融合意味着传统线下销售与线上销售的无缝对接，形成线上线下的全渠道营销和服务体系。这种融合具有以下意义：

满足消费者多元化需求：随着消费者需求的多样化和个性化，单一的实体渠道或网络渠道已难以满足所有消费者的需求。将两种渠道融合，可以更好地满足消费者的多元化需求，提供便捷、个性化的服务。

提高服务效率和质量：通过融合实体渠道与网络渠道，物流服务企业可以实现资源的优化配置和共享，提高服务效率和质量。例如，线上订单可以通过线下实体店进行配送和安装，实现线上线下服务的无缝衔接。

拓展销售渠道和市场：融合实体渠道与网络渠道可以帮助物流服务企业拓展销售渠道和市场，覆盖更多的消费者群体。通过线上平台吸引潜在客户，并通过线下实体店提供实体展示和体验，增加消费者的信任度和购买意愿。

（二）实体渠道与网络渠道融合的现状

目前，实体渠道与网络渠道的融合已经成为物流服务企业发展的必然趋势。许多企业已经开始尝试将线上平台与线下实体店相结合，打造全渠道营销和服务体系。然而，在融合过程中，企业也面临着一些挑战，如线上线下渠道的定位不清、资源配置不合理、服务标准不统一等。

（三）实体渠道与网络渠道融合的策略

为了实现实体渠道与网络渠道的有效融合，物流服务企业可以采取以下策略：

明确渠道定位：企业应根据自身的业务特点和目标市场，明确线上线下渠道的定位和分工，避免渠道之间的冲突和重叠。

优化资源配置：企业应合理配置线上线下资源，实现资源的共享和优化利用，提高服务效率和质量。

统一服务标准：企业应制定统一的服务标准和服务流程，确保线上线下服务的一致性和连贯性。

加强线上线下互动：企业可以通过线上线下互动活动、会员共享等方式，加强线上线下渠道的联动和互动，提高消费者的黏性和忠诚度。

（四）实体渠道与网络渠道融合对企业的影响

实体渠道与网络渠道的融合对物流服务企业产生了深远的影响。首先，融合有助于企业提高服务效率和质量，满足消费者的多元化需求，增强市场竞争力。其次，融合可以拓展企业的销售渠道和市场，增加企业的收入来源。最后，融合也促进了企业的数字化转型和创新发展，为企业的长期发展奠定了基础。

（五）实施建议与展望

在实施实体渠道与网络渠道融合的过程中，物流服务企业应注重以下几点：

制订详细的融合计划：企业应明确融合的目标、步骤和时间表，确保融合过程的顺利进行。

加强技术支持和人才培养：企业应加大在信息技术方面的投入，提高技术水平和创新能力；同时加强人才培养和引进，打造专业的全渠道营销和服务团队。

持续优化和改进：企业应持续关注市场和消费者需求的变化，不断优化和改进融合策略和服务模式，以适应市场的变化和挑战。

展望未来，随着技术的不断进步和消费者需求的不断变化，实体渠道与网络渠道的融合将更加深入和广泛。物流服务企业应抓住这一机遇，积极探索和创新融合模式和服务模式，为消费者提供优质、便捷的服务体验。同时，政府和社会各界也应加强对全渠道营销和服务体系的支持和引导，推动其健康、快速发展。

第三节　物流服务企业营销渠道的激励策略

一、渠道成本与效益分析

在物流服务企业的运营过程中，渠道的选择和管理是至关重要的。不同的渠道类型，如实体渠道、网络渠道及它们的融合，都会对企业的成本和效益产生深远影响。因此，对渠道成本和效益进行深入分析，对物流服务企业优化渠道策略、提高经济效益具有重要意义。

（一）渠道成本分析

1. 实体渠道成本

实体渠道成本主要包括店面租金、装修费用、人员薪酬、库存成本、运输费用等。这些成本通常较高，因为需要投入大量资金用于店铺的租赁、装修和日常运营。此外，实体渠道还需要考虑库存管理和物流配送的问题。这也会增加一定的成本。

2. 网络渠道成本

网络渠道成本主要包括网站建设与维护费用、网络营销费用、电子支付费用、物流配送费用等。相比实体渠道，网络渠道的初始投入成本相对较低，但运营和维护成本较高。此外，网络渠道还需要注重网络安全和数据保护。这也会增加一定的成本。

3. 渠道融合成本

渠道融合成本是指实体渠道与网络渠道在相互融合过程中所产生的成本，包括技术整合费用、人员培训费用、线上线下协调费用等。这些成本的高低取决于企业技术水平和组织结构的调整能力。

（二）渠道效益分析

1. 实体渠道效益

实体渠道的效益主要体现在品牌形象塑造、顾客体验提升及销售增长等方面。通过实体店铺的展示和体验，企业可以塑造直观、生动的品牌形象，提升顾客忠诚度和满意度。同时，实体渠道还能够实现面对面的销售和服务，增加销售机会和销售额。

2. 网络渠道效益

网络渠道的效益主要体现在市场拓展、销售效率提升及成本控制等方面。通过网络平台，企业可以覆盖更广泛的潜在消费者群体，实现市场拓展。同时，网络渠道还能够实现24小时在线销售和服务，提高销售效率。此外，网络渠道还具有较低的运营成本和维护成本，有助于企业实现成本控制。

3. 渠道融合效益

渠道融合的效益主要体现在提升客户体验、优化资源配置及提高市场竞争力等方面。通过线上线下渠道的融合，企业可以提供更加便捷、个性化的服务体验，满足消费者的多元化需求。同时，渠道融合还能够实现资源的优化配置和共享，提高服务效率和质量。此外，渠道融合还有助于企业提高市场竞争力，可以更好地应对市场变化和竞争挑战。

（三）渠道成本与效益的平衡和优化

为了实现渠道成本与效益的平衡与优化，物流服务企业需要采取以下措施：

1. 深入分析市场需求和消费者行为，选择适合企业发展的渠道类型和策略。
2. 加强成本管理和控制，降低不必要的支出和浪费。
3. 注重技术创新和人才培养，提高渠道运营效率和服务质量。
4. 加强线上线下渠道的协同和互动，实现资源的优化配置和共享。
5. 持续关注市场变化和竞争态势，及时调整和优化渠道策略。

（四）总结与展望

通过对物流服务企业渠道成本与效益的分析，我们可以看到不同渠道类型和策略对企业经济效益的影响。为了实现渠道成本与效益的平衡与优化，企业需要综合考虑市场需求、消费者行为、技术水平等因素，选择适合企业发展的渠道类型和策略。同时，企业还需要注重成本管理和控制、技术创新和人才培养、线上线下渠道的协同和互动等方面的工作，以不断提高渠道运营效率和服务质量。

展望未来，随着物流行业的快速发展和市场竞争的加剧，渠道成本与效益的分析将变得更加重要。物流服务企业需要不断关注市场变化和消费者需求的变化，灵活调整和优化渠道策略，以应对市场的挑战和机遇。

二、渠道覆盖与渗透策略

在物流服务企业的市场竞争中，渠道覆盖与渗透策略是至关重要的。有效的渠道覆盖可以确保企业的产品和服务广泛接触目标市场，而深入的渠道渗透则有助于企业在目标市场中建立稳固的地位并获取更大的市场份额。本部分内容将详细探讨物流服务企业在渠道覆盖与渗透方面的策略及可能面临的挑战等。

（一）渠道覆盖策略

1. 广泛覆盖策略

广泛覆盖策略是指企业通过多种渠道类型，如实体店铺、电商平台、社交媒体等，尽可能地覆盖更广泛的消费者群体。这种策略有助于企业提高品牌知名度和市场占有率，但也需要企业投入大量的资源和精力。在实施广泛覆盖策略时，企业需要考虑渠道之间的协同和互补效应，确保各渠道之间能够形成合力，共同推动销售增长。

2. 重点覆盖策略

重点覆盖策略是指企业选择特定的市场细分或消费者群体，集中资源在这些领域进行深入拓展。这种策略有助于企业在目标市场中建立专业形象和口碑，提高品牌忠诚度和客户满意度。在实施重点覆盖策略时，企业需要对目标市场进行深入分析，了解消费者的需求和偏好，以便提供更加精准的产品和服务。

3. 差异化覆盖策略

差异化覆盖策略是指企业根据不同市场细分或消费者群体的特点，制定差异化的渠道覆盖策略。这种策略有助于企业在不同市场中形成独特的竞争优势，提高市场份额和盈利能力。在实施差异化覆盖策略时，企业需要充分了解各市场细分或消费者群体的特点和需求，制定有针对性的渠道策略，确保产品和服务能够满足他们的期望。

（二）渠道渗透策略

1. 深度渗透策略

深度渗透策略是指企业在目标市场中通过提供更加优质、个性化的产品和服务，深入满足消费者的需求，从而在市场中建立稳固的地位。这种策略有助于企业提高客户满意度和忠诚度，形成口碑效应，吸引更多潜在消费者。在实施深度渗透策略时，企业需要关注消费者的体验和反馈，不断改进产品和服务，以满足他们不断变化的需求。

2. 广度渗透策略

广度渗透策略是指企业在目标市场中通过拓展渠道类型和覆盖范围，提高市场渗透率，从而获取更大的市场份额。这种策略有助于企业扩大品牌知名度和影响力，吸引更多潜在消费者。在实施广度渗透策略时，企业需要考虑不同渠道类型的特点和优势，选择适合自己的渠道进行拓展，并确保各渠道之间的协同和互补。

3. 创新渗透策略

创新渗透策略是指企业通过引入新技术、新产品或新服务，打破市场格局，实现差异化竞争，从而在目标市场中获得更大的市场份额。这种策略需要企业具备强大的创新能力和市场敏锐度，能够准确把握市场趋势和消费者需求的变化。在实施创新渗透策略时，企业需要注重技术研发和人才培养，确保自身具备持续创新的能力。

（三）渠道覆盖与渗透策略的挑战和对策

在实施渠道覆盖与渗透策略的过程中，企业可能会面临一些挑战，如资源有限、市场竞争激烈、消费者需求多变等。为了应对这些挑战，企业需要采取以下对策：

1. 制订合理的资源分配计划，确保各渠道之间的资源投入能够平衡且有效；

2. 密切关注市场动态和竞争态势，及时调整和优化渠道策略；

3. 加强与消费者的沟通和互动，深入了解他们的需求和反馈，以便提供更加精准的产品和服务；

4. 注重技术创新和人才培养，提高企业的核心竞争力和市场适应能力。

（四）总结与展望

渠道覆盖与渗透策略对于物流服务企业的市场拓展至关重要。通过合理的渠道策略选择和实施方法，企业可以广泛接触目标市场并深入满足消费者的需求，从而建立稳固的市场地位并提高市场份额。然而，在实施过程中企业需要关注各种挑战并采取相应的对策来应对。展望未来，随着市场的不断变化和消费者需求的升级，物流服务企业需要不断创新和优化渠道策略以适应市场的变化和发展趋势。同时政府和社会各界也应加强对物流行业的支持和引导，推动物流行业的健康快速发展，为社会和经济的繁荣作出更大的贡献。

三、渠道激励与绩效评估

渠道激励与绩效评估是物流服务企业管理渠道合作伙伴、确保渠道效能和推动业务增长的重要工具。通过有效的激励机制，企业可以激发渠道伙伴的积极性和创造性，促进双方的合作共赢；而绩效评估则为企业提供了衡量渠道效果、识别问题和改进方向的依据。本部分内容将对渠道激励与绩效评估进行深入探讨，以期为物流服务企业在渠道管理中提供有益的指导和建议。

（一）渠道激励策略

1. 直接激励

直接激励是通过物质奖励或经济手段来激励渠道伙伴。常见的直接激励方式包括：

佣金和奖金：根据销售额、销售量或其他业绩指标，给予渠道伙伴一定的佣金或奖金，以激励其增加销售能力。

折扣和优惠：提供价格折扣、批量优惠等，以鼓励渠道伙伴购买更多产品或服务。

市场支持：提供市场推广和广告支持，帮助渠道伙伴扩大市场份额和品牌影响力。

2. 间接激励

间接激励是通过非物质手段来激发渠道伙伴的积极性和创造性。常见的间接激励方式包括：

信息共享：与渠道伙伴分享市场信息、竞争情报等，帮助其增强市场洞察力和应对能力。

培训和教育：提供培训和教育资源，帮助渠道伙伴提升专业技能和业务素质。

合作伙伴关系：建立长期稳定的合作伙伴关系，共同开拓市场、拓展业务，实现共赢发展。

（二）绩效评估指标

绩效评估是对渠道伙伴的业绩进行量化评价的过程。有效的绩效评估指标应该能够全面反映渠道伙伴的业绩、能力和潜力。常见的绩效评估指标包括：

销售业绩：销售额、销售量、销售增长率等，反映渠道伙伴的销售能力和市场表现。

市场占有率：衡量渠道伙伴在目标市场中的份额和影响力。

客户满意度：通过客户调查和反馈，评估渠道伙伴的服务质量和客户满意度。

合作意愿和态度：评估渠道伙伴的合作态度、积极性和配合程度。

（三）绩效评估方法

1. 定量评估

定量评估是通过收集和分析具体数据来评估渠道伙伴的业绩。常见的定量评估方法包括：

销售数据分析：分析销售额、销售量等数据，了解渠道伙伴的销售表现和趋势。

市场调研：通过市场调研，了解渠道伙伴在目标市场中的表现和竞争力。

2. 定性评估

定性评估是通过收集和分析非量化信息来评估渠道伙伴的业绩。常见的定性评估方法包括：

客户反馈：收集客户对渠道伙伴的评价和反馈，了解其服务质量和客户满意度。

合作经验：评估与渠道伙伴的合作经验，了解其合作态度、能力和潜力。

（四）渠道激励与绩效评估的协同作用

渠道激励与绩效评估是相互关联、相互促进的过程。通过合理的激励机制，可以激发渠道伙伴的积极性和创造性，提高销售业绩和市场占有率；而绩效评估则可以成为企业提供衡量渠道效果、识别问题和改进方向的依据。因此，企业应根据实际情况制定综合的渠道激励与绩效评估方案，确保两者之间的协同作用，实现渠道管理的最优化。

（五）实施建议与展望

在实施渠道激励与绩效评估时，企业应注意以下几点：

（1）制定明确的激励和评估标准，确保公平性和透明度。

（2）定期与渠道伙伴进行沟通和反馈，共同制订改进计划。

（3）注重长期合作关系的建立和维护，实现共赢发展。

展望未来，随着市场竞争的加剧和消费者需求的不断变化，渠道激励与绩效评估将成为物流服务企业渠道管理的核心要素。企业应关注市场动态和消费者需求的变化，及时调整和优化激励与评估策略，以适应市场的变化和发展趋势。同时，政府和社会各界也应加强对物流行业的支持和引导，推动物流行业的健康、快速发展，为社会和经济的繁荣作出更大的贡献。

第 ⑧ 章

物流服务企业营销促销策略

第一节　物流服务企业营销促销策略概述

一、营销促销策略的制定和实施

在竞争激烈的物流市场中，营销促销策略对物流服务企业至关重要。有效的营销促销策略不仅有助于提升企业的品牌知名度和市场占有率，还能促进企业与客户的长期合作关系。本部分内容将对物流服务企业的营销促销策略进行概述，探讨其重要性、实施方法等。

（一）营销促销策略的重要性

营销促销策略是物流服务企业实现市场营销目标的重要手段。通过制定有针对性的促销策略，企业可以更好地满足客户需求，提高客户满意度，进而增强客户忠诚度和市场竞争力。同时，有效的营销促销策略还可以促进企业与客户的沟通与交流，为企业带来更多的商业机会和发展空间。

（二）常用营销促销策略

1. 价格促销策略

价格促销策略是一种物流服务企业常用的促销手段。通过降低价格、提供折扣或优惠等方式，吸引更多的客户选择和使用企业的物流服务。在实施价格促销策略时，企业需要根据市场需求、竞争状况及自身成本等因素进行合理定价，以确保价格促销既能吸引客户，又能保证企业的盈利。

2. 服务促销策略

服务促销策略通过提升服务质量、增加服务附加值等方式来吸引客户。物流服务企业应关注客户需求和体验，提供个性化、专业化的服务方案。例如，通过提供定制化的物流解决方案、加强售后服务等，提升客户满意度和忠诚度。

3. 品牌促销策略

品牌促销策略通过塑造和提升企业品牌形象来吸引客户。物流服务企业应注重品牌建设和维护，通过广告宣传、公关活动等方式，提升品牌知名度和美誉度。同时，企业还需要关注品牌形象的传递和延续，确保在提供物流服务的过程中始终保持良好的品牌形象。

4. 合作促销策略

合作促销策略通过与其他企业或机构建立合作关系来共同推广产品和服务。物流服务企业可以与电商平台、制造企业等建立战略合作关系，通过资源共享、互利共赢的方式实现共同发展。例如，企业与电商平台合作，提供一体化物流服务；企业与制造企业合作，提供定制化物流解决方案等。

（三）营销促销策略的实施方法

1. 明确营销目标

在制定营销促销策略时，企业应首先明确营销目标，如提高市场占有率、增加客户数量等。明确的目标有助于企业制定更具有针对性的促销策略，提高营销效果。

2. 分析市场需求和竞争状况

企业应深入了解市场需求和竞争状况，以便制定更符合市场需求的促销策略。通过市场调研、竞争对手分析等方式，企业可以掌握市场动态和客户需求变化，为制定有效的促销策略提供依据。

3. 制定具体的促销方案

根据市场需求和竞争状况，企业应制定具体的促销方案。方案应包括促销活动的主题、时间、地点、方式等要素，并明确促销活动的预期效果和评估标准。

4. 实施与监控

在制定好促销方案后，企业应积极组织实施，并密切关注促销活动的进展情况。同时，企业还应建立有效的监控机制，对促销活动的效果进行实时评估和调整，确保促销策略的有效实施。

（四）总结与展望

营销促销策略对于物流服务企业而言至关重要。通过制定有针对性的促销策略并实施有效的方法，企业可以提升品牌知名度、市场占有率和客户满意度，实现持续稳健的发展。未来，随着物流市场的不断变化和消费者需求的升级，物流服务企业需要不断创新和优化营销促销策略，以适应市场的变化和发展趋势。同时，政府和社会各界也应加强对物流行业的支持和引导，推动物流行业的健康快速发展，为社会和经济的繁荣作出更大的贡献。

二、广告促销策略

广告促销策略是物流服务企业营销策略的重要组成部分，通过有效的广告宣传和推广，企业能够迅速提升品牌知名度，拓展市场份额，增强客户的黏性。以下将详细探讨广告促销策略在物流服务企业中的应用。

（一）广告促销策略的重要性

广告促销策略是物流服务企业向目标客户传递产品、服务信息，提升品牌形象和认知度的重要手段。通过广告，企业可以迅速吸引潜在客户的注意，激发其购买欲望，进而实现销售目标。同时，广告促销还有助于巩固现有客户的忠诚度，通过不断的品牌曝光和正面信息传播，增强客户对企业的信任和依赖。

（二）广告促销策略的选择

媒体选择：物流服务企业在选择广告媒体时，应充分考虑目标客户的媒体接触习惯。例如，针对企业客户，可以选择行业中专业杂志、网站等媒体进行广告投放；针对个人消费者，则可以选择社交媒体、短视频平台等更具互动性的媒体进行广告投放。

广告内容：广告内容应简洁明了，突出企业的核心优势和服务特色。同时，广告内容要注重情感营销，通过讲述企业故事、客户案例等方式，拉近与消费者的距离，激发其共鸣。

广告形式：根据广告媒体和内容的不同，企业可以选择不同的广告形式，如文字广告、图片广告、视频广告等。在选择广告形式时，应注重创意和视觉效果，以吸引消费者的注意力。

（三）广告促销策略的实施

制订广告计划：企业应明确广告的目标、预算、执行时间等要素，制订详细的广告计划。广告计划应与企业的整体营销策略相协调，确保广告活动的有效性。

广告制作与执行：在广告制作过程中，企业应注重广告的质量和创意，确保广告内容能够准确传达企业的核心信息。同时，在执行广告活动时，要密切关注市场反馈和广告效果，及时调整和优化广告策略。

广告效果评估：企业应建立有效的广告效果评估机制，通过数据分析、客户反馈等方式，评估广告活动的实际效果。根据评估结果，企业可以及时调整广告策略，提高广告投放的效果和转化率。

（四）挑战与对策

在实施广告促销策略时，企业可能会面临预算有限、市场竞争激烈等挑战。为了应对这些挑战，企业可以采取以下对策：

精准定位：明确目标市场和客户群体，制定有针对性的广告策略，提高广告的精准度和转化率。

创新广告形式和内容：注重广告创意和视觉效果，以吸引消费者的注意力。同时，不断尝试新的广告形式和媒体，拓展广告的传播渠道。

合作共赢：与其他企业或机构建立合作关系，共同开展广告促销活动，实现资源共享和互利共赢。

（五）总结与展望

广告促销策略在物流服务企业中具有重要的应用价值。通过有效的广告宣传和推广，企业可以提升品牌知名度、拓展市场份额、增强客户黏性。未来，随着物流市场的不断变化和消费者需求的升级，广告促销策略也需要不断创新和优化。企业应密切关注市场动态和消费者需求变化，及时调整广告策略，以适应市场的变化和发展趋势。同时，政府和社会各界也应加强对物流行业的支持和引导，推动物流行业的健康快速发展。

三、销售促进策略

销售促进策略是物流服务企业在市场竞争中提升销售业绩、扩大市场份额的重要手段。通过制定和执行有效的销售促进策略，企业可以吸引更多的潜在客户，提高客户满意度，进而实现可持续的业务增长。本部分内容将对销售促进策略在物流服务企业中的应用进行详细的探讨和分析。

（一）销售促进策略的重要性

销售促进策略是物流服务企业营销策略的重要组成部分，它有助于企业更好地满足客户需求，提高市场竞争力，实现销售目标。通过制定和执行有效的销售促进策略，企业可以激发潜在客户的购买欲望，促进客户忠诚度的提升，进而增加销售额和市场份额。同时，销售促进策略还有助于企业与客户建立长期稳定的合作关系，为企业的长期发展奠定坚实基础。

（二）销售促进策略的类型

1. 价格优惠策略

通过降价、折扣、优惠等方式吸引客户购买。这种策略可以直接刺激客户的购买欲望，提高销售额。但需要注意的是，价格优惠策略可能会降低企业的利润空间，因此需要谨慎使用。

2. 增值服务策略

提供超出基本服务范围的增值服务，如个性化定制、快速配送、售后保障等。这种策略可以提高客户满意度和忠诚度，增加客户黏性，从而提高销售额。

3. 捆绑销售策略

将不同产品或服务进行捆绑销售，以优惠价格提供给客户。这种策略可以扩大销售范围，增加客户购买量，提高整体销售额。

4. 渠道拓展策略

通过拓展新的销售渠道，如线上平台、合作伙伴等，扩大企业的销售网络。这种策略可以增加企业的曝光度，吸引更多潜在客户，提高市场份额。

（三）销售促进策略的制定与实施

明确销售目标：在制定销售促进策略时，企业应首先明确销售目标，如提高销售额、增加市场份额等。明确的目标有助于企业制定更具有针对性的策略。

分析市场需求和竞争状况：深入了解市场需求和竞争状况，包括客户需求、竞争对手情况等。这有助于企业制定更符合市场需求的策略，提高策略的有效性。

制定具体策略：根据市场需求和竞争状况，制定具体的销售促进策略。策略应包括促销活动的主题、时间、地点、方式等要素，并明确预期效果和评估标准。

实施与监控：在制定好策略后，企业应积极组织实施，并密切关注促销活动的进展情况。同时，企业应建立有效的监控机制，对策略的实施效果进行实时评估和调整，确保策略的有效实施。

（四）销售促进策略的挑战与对策

在实施销售促进策略时，企业可能会面临预算有限、客户需求多样化、竞争激烈等挑战。为了应对这些挑战，企业可以采取以下对策：

精准定位：明确目标市场和客户群体，制定有针对性的策略，提高策略的精准度和效果。

创新促销方式：不断探索新的促销方式，如社交媒体营销、内容营销等，以吸引更多潜在客户。

优化服务流程：提高服务效率和质量，以满足客户多样化的需求，提高客户满意度和忠诚度。

加强合作伙伴关系：与合作伙伴建立良好的合作关系，共同开展促销活动，扩大销售范围和市场影响力。

（五）总结与展望

销售促进策略在物流服务企业中具有重要的应用价值。通过制定和执行有效的策略，企业可以提升销售业绩、扩大市场份额、增强市场竞争力。未来，随着物流市场的不断变化和消费者需求的升级，销售促进策略也需要不断创新和优化。企业应密切关注市场动态和消费者需求变化，及时调整策略，以适应市场的变化和发展趋势。同时，政府和社会各界也应加强对物流行业的支持和引导，推动物流行业的健康快速发展。

四、人员推销策略

人员推销策略是一种物流服务企业在市场推广中常用的策略，它依赖于销售人员的直接沟通与交流，旨在建立稳固的客户关系，提升销售业绩。在竞争激烈的物流市场中，有效的人员推销策略不仅能够帮助企业更好地了解客户需求，还能增强客户对企业的信任度，从而推动业务的持续增长。以下将详细探讨人员推销策略在物流服务企业中的应用。

（一）人员推销策略的重要性

人员推销策略是物流服务企业与客户建立直接联系、深化合作关系的关键手段。与广告促销和销售促进等策略相比，人员推销更加注重与客户之间的个性化互动，能够更准确地传递企业信息、解决客户疑虑。通过人员推销，企业可以更加深入地了解客户需求，提供定制化的解决方案，从而增强客户的忠诚度和满意度。此外，人员推销还能够有效传递企业文化和价值观，提升企业形象，为企业赢得更多信任和支持。

（二）人员推销策略的关键要素

销售团队建设：建立一支专业、高效的销售团队是实施人员推销策略的基础。企业应注重销售人员的选拔和培训，确保他们具备丰富的物流知识和良好的沟通技巧。

目标客户识别：明确目标客户群体是人员推销策略成功的关键。企业应通过市场调研和分析，确定极具潜力的目标客户，为销售团队提供明确的销售方向。

推销技巧与沟通策略：销售人员需要掌握有效的推销技巧和沟通策略，包括倾听、提问、演示等，以便更好地与客户建立联系，传递企业价值。

后续跟进与维护：人员推销不仅是一次性的销售行为，更是一个持续的过程。企业需要建立完善的后续跟进和维护机制，确保与客户保持长期稳定的合作关系。

（三）人员推销策略的实施步骤

制订销售计划：明确销售目标、销售区域、客户群体等，为销售团队提供明确的指导。

培训销售人员：针对销售团队的实际情况，开展有针对性的培训活动，提高销售人员的专业素质和推销技能。

开展推销活动：销售团队根据销售计划，开展各类推销活动，如拜访客户、举办座谈会等，积极寻找销售机会。

跟进与维护：对已经建立合作关系的客户进行定期跟进和维护，及时解决客户问题，深化合作关系。

（四）人员推销策略的挑战与对策

在实施人员推销策略时，企业可能会面临一些挑战，如销售人员流失、客户拒绝等。为了应对这些挑战，企业可以采取以下对策：

建立激励机制：通过制定合理的薪酬制度和奖励机制，激发销售人员的积极性和创造力。

提供持续培训：定期为销售人员提供新知识、新技能的培训，帮助他们适应市场变化和客户需求。

优化销售流程：简化销售流程，提高销售效率，降低销售成本。

强化客户服务：注重客户体验和服务质量，及时解决客户问题，提升客户满意度和忠诚度。

（五）总结与展望

人员推销策略在物流服务企业中具有重要的应用价值。通过建立专业的销售团队、明确目标客户群体、掌握有效的推销技巧和沟通策略及建立完善的后续跟进和维护机制，企业可以更好地实施人员推销策略，提升销售业绩和市场竞争力。未来，随着物流市场的不断变化和消费者需求的升级，人员推销策略也需要不断创新和优化。企业应密切关注市场动态和消费者需求变化，及时调整策略以适应市场的变化和发展趋势。同时，政府和社会各界也应加强对物流行业的支持和引导，推动物流行业的健康快速发展。

第二节 物流服务企业营销促销效果评估

一、公共关系与品牌形象建设

在物流服务企业中，公共关系与品牌形象建设是至关重要的一环。它们不仅关乎企业在市场上的声誉和信誉，还直接影响着企业的客户吸引力、合作机会及长期发展。通过有效的公共关系策略和品牌形象建设，企业能够塑造积极的社会形象，增强品牌影响力，进而在竞争激烈的市场中脱颖而出。

（一）公共关系与品牌形象建设的重要性

公共关系是指企业与公众之间的交流与互动，包括信息传播、危机管理、社会责任等方面。而品牌形象建设则是通过一系列策略和活动来塑造和提升企业在公众心目中的形象和认知。对于物流服务企业而言，二者的重要性不言而喻。

首先，良好的公共关系有助于企业建立广泛的社会联系和合作网络，为企业的发展创造有利的外部环境。通过与媒体、政府、社区等建立良好的关系，企业能够及时传递正面信息，增强社会信任度，从而为企业带来更多的合作机会和市场份额。

其次，品牌形象建设对于提升企业的市场竞争力具有重要意义。积极、专业的品牌形象能够吸引更多客户的关注和认可，提高客户满意度和忠诚度。同时，品牌形象也是企业差异化竞争的重要手段，能够帮助企业在市场中形成独特的竞争优势。

（二）公共关系策略与品牌形象建设的实践

媒体关系管理：物流服务企业应积极与各类媒体建立良好的合作关系，通过定期发布新闻、接受采访等方式向公众传递企业的最新动态和成就。同时，企业还应关注媒体对企业的报道和评价，及时回应和解决可能存在的负面信息。

社会责任履行：企业应积极履行社会责任，关注环境保护、员工权益等方面的问题。通过参与公益活动、发布社会责任报告等方式，展示企业的良好形象和社会责任感。这不仅能够提升企业的社会声誉，还能吸引更多潜在客户的关注和支持。

危机管理：面对可能出现的危机事件，企业应建立完善的危机管理机制，包括预警、应对、善后等环节。在危机发生时，企业应迅速、准确地传递信息，积极与各方沟通协商，将危机对企业形象的影响最小化。

（三）品牌形象建设的关键要素

品牌定位：明确企业的品牌定位是品牌形象建设的基础。企业应根据自身的核心竞争力和市场需求，确定独特的品牌定位，如专业、可靠、高效等。

视觉识别系统：统一的视觉识别系统能够增强品牌的辨识度和记忆度。企业应设计具有独特性和辨识度标志、字体、色彩等元素，并在各类宣传材料和应用场景中统一使用。

品牌传播：通过广告、公关活动、社交媒体等渠道传播品牌形象，提高品牌知名度和美誉度。企业应注重传播内容的创意性和针对性，确保信息能够准确、有效地传达给目标群体。

（四）挑战与对策

在实施公共关系与品牌形象建设策略时，企业可能会面临预算有限、资源紧张等挑战。为了应对这些挑战，企业可以采取以下对策：

制订合理的预算规划：企业应根据自身的实际情况和市场需求，制订合理的预算规划，确保公共关系和品牌形象建设活动的顺利进行。

整合内部资源：企业应充分利用内部资源，如员工、客户、合作伙伴等，共同推动公共关系和品牌形象建设工作的开展。

创新传播方式：随着媒体和社交平台的快速发展，企业应积极探索新的传播方式，如短视频、直播等，以提高品牌传播的效果。

（五）总结与展望

公共关系与品牌形象建设对于物流服务企业的长期发展具有重要意义。通过制定合理的策略和对策，企业能够塑造积极的社会形象，提升品牌影响力，进而在竞争激烈的市场中脱颖而出。未来，随着市场竞争的加剧和消费者需求的升级，公共关系与品牌形象建设将更加重要。企业应密切关注市场动态和消费者需求变化，不断调整和优化策略，以适应市场的变化和发展趋势。同时，政府和社会各界也应加强对物流行业的支持和引导，推动物流行业的健康快速发展。

二、促销预算与效果评估

促销预算与效果评估是物流服务企业在实施促销活动中的重要环节。合理的预算规划和有效的效果评估不仅可以确保促销活动的顺利进行，还能为企业提供宝贵的市场反馈和业务调整依据。以下将详细探讨促销预算与效果评估在物流服务企业中的应用。

（一）促销预算的重要性与制定方法

促销预算是企业在规划促销活动时所需投入的资金预算，它直接关系促销活动的规模、持续时间和效果。制定合理的促销预算，对于确保促销活动的顺利进行和实现预期目标具有重要意义。

在制定促销预算时，企业应考虑以下因素：

促销目标：明确促销活动的目标，如提高销售额、扩大市场份额、提升品牌形象等，以确保预算投入与目标相一致。

市场环境：分析市场需求、竞争对手情况和潜在客户的购买行为等，以确定合理的预算投入规模。

预算来源：考虑企业内部的资金来源和财务状况，确保预算的可行性和可持续性。

基于以上因素，企业可以采用以下几种方法制定促销预算：

量入为出法：根据企业的财务状况和资金来源，确定可承受的预算规模，然后在此基础上规划促销活动。

目标任务法：根据促销活动的目标和任务，如提高销售额、增加新客户数量等，推算出所需的预算投入。

竞争对等法：参考竞争对手的促销投入和市场反应，确定与之相匹配的预算规模。

（二）促销效果评估的意义与方法

促销效果评估是对促销活动实施后所取得的效果进行客观分析和评价的过程。通过效果评估，企业可以了解促销活动的实际效果，总结经验教训，为未来的促销活动提供改进方向。

在进行促销效果评估时，企业应关注以下几个方面：

销售额变化：分析促销活动期间及之后的销售额变化，以评估促销活动对销售业绩的影响。

市场份额变化：观察促销活动后市场份额的变化情况，以评估促销活动在市场扩张方面的效果。

客户满意度与忠诚度：通过客户调查、反馈等方式，了解客户对促销活动的满意度和忠诚度变化，以评估促销活动在客户维系方面的效果。

品牌形象变化：通过市场调查、品牌知名度评估等方式，了解促销活动后品牌形象的变化情况，以评估促销活动在品牌建设方面的效果。

为了有效进行促销效果评估，企业可以采用以下方法：

对比分析法：将促销活动前后的相关数据进行对比分析，以揭示促销活动对各项指标的影响程度。

调查问卷法：通过发放调查问卷，收集客户对促销活动的反馈意见，以了解客户的满意度和忠诚度变化。

数据分析法：运用统计软件对收集的数据进行深入分析，以揭示促销活动与各项指标之间的关联性和趋势变化。

（三）促销预算与效果评估的实践应用

在物流服务企业中，促销预算与效果评估的实践应用如下：

明确促销目标：企业在制定促销预算和效果评估时，应首先明确促销活动的具体目标，如提高特定物流服务的销售额、增加新客户数量等。这有助于企业在预算制定和效果评估时保持目标导向，确保资源的合理分配和使用的有效性。

制定合理的促销预算：企业应根据自身的财务状况、市场需求和竞争态势等因素，制定合理的促销预算。预算应确保能够覆盖促销活动的各项费用，包括广告费、促销品费用、人员费用等，同时避免过度投入而导致资源浪费。

实施促销活动并收集数据：在促销活动期间，企业应密切关注市场动态和客户反馈，及时收集相关数据。这些数据包括销售额、市场份额、客户满意度等关键指标，以及促销活动的具体执行情况等。这些数据将为后续的效果评估提供重要依据。

进行效果评估与分析：当促销活动结束后，企业应及时进行效果评估和分析。通过对比分析法、调查问卷法和数据分析法等方法，全面评估促销活动在销售额、市场份额、客户满意度和品牌形象等方面的效果。同时，分析促销活动中的优点和不足，总结经验教训，为未来的促销活动提供改进方向。

调整策略与预算：根据效果评估的结果，企业应及时调整促销策略和预算。如果促销活动未达到预期效果，企业可以分析原因并调整策略，如改变促销方式、调整促销时间等。同时，根据市场变化和企业实际情况，适当调整促销预算，以确保资源的合理分配和使用的有效性。

（四）面临的挑战与应对策略

在实施促销预算与效果评估时，企业可能会面临一些挑战，如预算有限、数据收集困难等。为了应对这些挑战，企业可以采取以下策略：

合理分配预算：在有限的预算下，企业应优先对实现促销目标贡献最大的环节进行投入，如关键渠道的广告投放、重点客户的促销活动等。同时，注重预算的灵活性，根据市场变化及时调整预算分配。

强化数据收集与分析能力：企业应建立完善的数据收集和分析体系，确保能够准确、全面地收集与促销活动相关的数据。通过加强数据分析能力的培训和学习，提高员工对数据的敏感度和分析能力，为效果评估提供有力支持。

建立跨部门协作机制：促销活动涉及多个部门的协同合作，如销售、市场、客服等。为了确保促销预算的合理分配和效果评估的准确性，企业应建立跨部门的协作机制，加强部门间的沟通和协作，共同推进促销活动的顺利进行。

持续改进与优化：促销预算与效果评估是一个持续改进的过程。企业应根据效果评估的结果和市场反馈，不断优化促销策略和预算规划，提高促销活动的有效性和投入产出比。

（五）总结与展望

促销预算与效果评估在物流服务企业中具有至关重要的作用。通过制定合理的促销预算和进行有效的效果评估，企业可以确保促销活动的顺利进行，实现预期目标，同时提高市场占有率和客户满意度。然而，在实施过程中，企业也面临着预算有限、数据收集困难等挑战。因此，企业需要加强对促销预算与效果评估的研究和实践，不断提高自身的预算规划和效果评估能力，以适应不断变化的市场环境和客户需求。

展望未来，随着物流行业的快速发展和市场竞争的加剧，促销预算与效果评估在物流服务企业中的重要性将凸显。企业应积极探索新的促销方式和手段，加强数据分析和技术应用，不断提高促销活动的精准度和效果。

第三节　物流服务企业营销的促销方法

一、数字营销与社交媒体促销

随着数字技术的飞速发展和社交媒体的广泛普及，数字营销和社交媒体促销已成为物流服务企业提升品牌知名度、拓展市场和增强竞争力的关键手段。本部分内容将深入探讨数字营销与社交媒体促销在物流服务企业中的应用，分析其实践策略、优势与挑战，并展望未来的发展趋势。

（一）数字营销与社交媒体促销的概念及其重要性

数字营销是指利用数字技术和互联网平台进行营销活动的总称，包括搜索引擎优化（SEO）、搜索引擎营销（SEM）、社交媒体营销、内容营销等形式。社交媒体促销则是指通过社交媒体平台进行的促销活动，旨在吸引用户关注、提高品牌曝光度和促进销售。

对于物流服务企业而言，数字营销与社交媒体促销的重要性不言而喻。首先，它们能够帮助企业快速接触目标客户群体，提高品牌知名度和市场占有率。其次，通过社交媒体平台与用户进行互动，企业可以更好地了解用户需求和市场动态，从而优化服务质量和提升客户体验。最后，数字营销和社交媒体促销还能够有效降低营销成本，提高营销效率，为企业创造更大的商业价值。

（二）数字营销与社交媒体促销的实践策略

制定明确的营销目标：企业在开展数字营销与社交媒体促销之前，应首先明确营销目标，如提高品牌知名度、增加用户数量、促进销售等。这有助于企业制定有针对性的营销策略，确保资源的合理分配和资源使用的有效性。

选择合适的营销渠道：根据目标客户的需求和偏好，选择适合的营销渠道进行推广。例如，针对年轻群体，可以选择在抖音、快手等短视频平台上进行营销；针对专业群体，可以选择在行业论坛或专业社交平台上进行推广。

制定创意性的促销内容：在社交媒体平台上发布有趣、有吸引力的促销内容，以吸引用户的关注和参与。例如，可以举办有趣的互动活动、发布优惠券或限时折扣等促销信息，激发用户的购买欲望。

利用数据分析优化营销策略：对营销活动数据的分析，可以了解用户行为、需求和偏好，从而优化营销策略。例如，可以根据用户点击率、转化率等数据调整关键词投放、优化广告文案等。

（三）数字营销与社交媒体促销的优势与挑战

优势：

覆盖范围广：数字营销与社交媒体促销能够覆盖广泛的用户群体，帮助企业快速拓展市场。

互动性强：通过社交媒体平台与用户进行互动，企业可以及时了解用户需求和市场反馈，优化服务质量和提升客户体验。

成本效益高：相比传统营销方式，数字营销与社交媒体促销的成本较低且能够精准接触目标客户群体，提高营销效率。

挑战：

数据安全与隐私保护：在数字营销过程中，企业需要处理大量的用户数据。因此，如何确保数据安全与隐私保护成了一个重要的挑战。

内容创新与用户体验：为了吸引用户的关注和参与，企业需要不断创新促销内容。然而，如何确保内容的创新性和用户体验的平衡也是一个需要关注的问题。

法律法规限制：不同国家和地区的法律法规对数字营销和社交媒体促销存在一定的限制。企业在开展活动时需要遵守相关法律法规，避免违规行为带来的法律风险。

（四）未来发展趋势与展望

随着数字技术和社交媒体的不断发展，数字营销与社交媒体促销在物流服务企业中的应用将呈现以下趋势：

个性化与精准化：借助人工智能和大数据技术，企业可以更加精准地分析用户需求和行为习惯，实现个性化和精准化的营销策略。

跨界合作与共创：物流服务企业可以与其他行业的企业进行跨界合作，共同打造更具创意和吸引力的促销活动。同时，通过用户共创等方式，激发用户的参与感和归属感。

视频化与直播化：随着短视频和直播等新型社交媒体的兴起，物流服务企业可以积极利用这些平台进行数字营销和社交媒体促销。通过生动有趣的视频内容和直播互动吸引用户的关注和提高品牌曝光度。

绿色可持续发展：随着社会对绿色可持续发展的关注度不断提高，物流服务企业在数字营销与社交媒体促销中，也需要注重环保和可持续发展理念的传播与实践。通过推广绿色物流解决方案和倡导环保生活方式等方式，提升企业的社会责任感和形象。

综上所述，数字营销与社交媒体促销在物流服务企业中具有广泛的应用前景和巨大的商业价值。未来，企业需要不断创新和优化营销策略，以适应市场变化和用户需求。同时，企业需要关注数据安全、用户体验和法律法规等方面的挑战，以实现可持续发展。

二、事件营销与赞助活动

随着市场竞争的加剧和消费者需求的多样化，事件营销与赞助活动已经成为物流服务企业提升品牌影响力、增强市场竞争力的重要手段。通过精心策划和组织事件营销与赞助活动，企业可以展示自身的实力和专业形象，加强与客户的联系和互动，提升品牌知名度和美誉度。本部分内容将详细探讨事件营销与赞助活动在物流服务企业中的应用，分析其重要性、优势与挑战及实践策略等，并展望未来的发展趋势。

（一）事件营销与赞助活动的概念及其在物流服务企业中的重要性

事件营销是指企业利用特定事件或活动作为平台，通过创意策划和执行，实现品牌传播、产品销售和客户关系建立等营销目标。赞助活动则是指企业为支持特定事件或活动而提供的资金、物资或服务等，以换取品牌曝光、社会声誉和市场机会等。

对于物流服务企业而言，事件营销与赞助活动的重要性主要体现在以下几个方面：

提升品牌知名度和美誉度：通过参与高影响力的事件或赞助活动，物流服务企业可以迅速提升品牌知名度和美誉度，增强消费者对企业的认知和信任。

加强与客户的联系和互动：事件营销与赞助活动为物流服务企业提供了与客户面对面交流的机会，通过活动互动，企业可以深入了解客户需求和反馈，优化服务质量和客户体验。

创造商业机会和合作伙伴关系：通过参与事件营销与赞助活动，物流服务企业可以与其他行业的企业建立合作关系，共同开拓市场，实现资源共享和互利共赢。

（二）事件营销与赞助活动的实践策略

明确营销目标与活动主题：在策划事件营销与赞助活动时，物流服务企业应首先明确营销目标和活动主题，确保活动与品牌形象和市场定位相符合。

选择合适的事件或活动进行参与：企业应根据目标客户的需求和偏好，选择具有影响力和吸引力的事件或活动进行参与。同时，要考虑活动的受众群体和覆盖范围，确保活动能够实现预期的营销效果。

创意策划与执行：企业应注重活动的创意策划和执行，通过独特的创意和精心的组织，吸引媒体和消费者的关注。同时，要确保活动的执行质量和效果，提升品牌形象和口碑。

整合营销资源与合作伙伴：企业应充分利用自身的营销资源和合作伙伴关系，通过多渠道、多形式的宣传和推广，扩大活动的影响力和覆盖面。同时，要与合作伙伴建立良好的合作关系，共同实现营销目标。

（三）事件营销与赞助活动的优势和挑战

优势：

提升品牌影响力：通过参与高影响力的事件或赞助活动，物流服务企业可以迅速提升品牌知名度和美誉度，树立品牌形象。

创造商业机会：事件营销与赞助活动为物流服务企业创造了与其他行业企业合作的机会，拓展了商业渠道和市场空间。

增强客户黏性：通过活动互动和体验营销，企业可以加强与客户的联系和互动，提高客户满意度和忠诚度。

挑战：

成本投入与风险控制：事件营销与赞助活动需要一定的资金投入和风险控制能力。企业需要在预算合理的前提下，制定科学的投资计划和风险控制措施。

活动策划与执行难度：事件营销与赞助活动需要企业具备创意策划和执行能力。企业需要在活动策划和执行过程中注重细节和创新，确保活动的成功和效果。

市场竞争与合作机会把握：随着市场竞争的加剧，物流服务企业在参与事件营销与赞助活动时需要面临更多的竞争和挑战。同时，物流服务企业要抓住合作机会，与其他企业建立稳定的合作关系。

（四）未来发展趋势

随着消费者需求的多样化和市场竞争的加剧，事件营销与赞助活动在物流服务企业中的应用将呈现以下趋势：

个性化与定制化：物流服务企业需要根据目标客户的需求和偏好，提供个性化和定制化的活动体验，满足客户的个性化需求。

数字化与智能化：借助数字化技术和智能化手段，企业可以更加精准地分析客户需求和行为习惯，实现活动营销效果的最大化。

跨界合作与共创：物流服务企业可以与其他行业的企业进行跨界合作，共同打造更具创意和吸引力的活动。同时，通过用户共创等方式激发用户的参与感和归属感。

社会责任与可持续发展：随着社会对环保和可持续发展的关注度不断提高，物流服务企业在事件营销与赞助活动中也需要注重社会责任和可持续发展理念的传播与实践。

三、促销策略与消费者心理

促销策略是物流服务企业提升销售、增强市场竞争力的重要手段。然而，在制定促销策略时，深入了解消费者心理至关重要，因为消费者的心理活动和决策过程直接影响着促销活动的效果。本部分内容将详细探讨促销策略与消费者心理之间的关系，分析如何利用消费者心理来制定有效的促销策略，并为企业提供一些建议。

（一）促销策略与消费者心理的相互影响

促销策略是指企业为刺激消费者购买而采取的一系列营销手段，包括价格优惠、赠品、折扣等。而消费者心理则是指消费者在购买过程中所表现出的心理活动和决策过程，两者之间的相互影响表现在以下几个方面：

促销策略对消费者心理的影响：企业通过制定吸引人的促销策略，可以激发消费者的购买欲望，提升他们的购买意愿。例如，价格优惠可以让消费者感到物有所值，从而产生购买动机；赠品可以增加消费者的购买满足感，提高他们对品牌的忠诚度。

消费者心理对促销策略的影响：消费者的心理活动和决策过程直接影响着促销策略的制定和实施。例如，消费者的需求、偏好、认知等心理因素会影响他们对促销活动的接受程度和反应；消费者的购买决策过程也会影响促销策略的有效性。

（二）利用消费者心理制定促销策略的方法

在制定促销策略时，企业应充分考虑消费者心理的影响，以下是一些利用消费者心理制定促销策略的方法：

把握消费者需求：企业应深入了解消费者的需求和偏好，根据消费者的需求，制定有针对性的促销策略。例如，针对年轻消费者追求时尚、个性化的需求，企业可以推出限量版产品或设计独特的赠品。

创造购买紧迫感：消费者往往在购买时受到时间限制的影响，因此企业可以通过创造购买紧迫感来刺激消费者购买。例如，设置限时优惠、限量赠品等，让消费者感到错过时机就会失去机会。

利用价格吸引消费者：价格是影响消费者购买决策的重要因素之一，因此企业可以通过价格优惠来吸引消费者。例如，打折、满减等价格策略可以让消费者感到物有所值，从而提高购买意愿。

增强品牌认同感：品牌认同感是消费者对品牌的一种情感认同和信任，因此企业可以通过增强品牌认同感来提升促销效果。例如，推出与品牌形象相符的促销活动，或者邀请明星代言人来增加品牌的知名度和吸引力。

（三）面对不同消费者群体的促销策略调整

不同的消费者群体具有不同的心理特征和购买行为，因此企业在制定促销策略时需要根据不同的消费者群体进行调整。以下是一些针对不同消费者群体的促销策略调整建议：

针对年轻消费者：年轻消费者通常追求时尚、个性和新鲜感，因此企业可以推出与潮流相符的产品和赠品，同时采用互动性强的社交媒体平台进行促销活动的推广。

针对中老年消费者：中老年消费者更注重产品的实用性和性价比，因此企业可以通过价格优惠和赠品等方式来刺激他们的购买欲望，同时应注重产品的品质和服务保障。

针对不同地域的消费者：不同地域的消费者具有不同的文化背景和购买习惯，因此企业需要了解当地消费者的需求和偏好，制定符合当地市场的促销策略。例如，在农村地区可以推出适合当地消费者需求的促销活动和赠品。

（四）总结与展望

促销策略与消费者心理之间存在着密切的联系和相互影响。企业在制定促销策略时需要充分考虑消费者心理的影响，利用消费者心理来制定有效的促销策略。通过把握消费者需求、创造购买紧迫感、利用价格吸引消费者及增强品牌认同感等方法，企业可以提高促销活动的针对性和有效性。

展望未来，随着市场竞争的加剧和消费者需求的不断变化，企业需要不断创新和优化促销策略，以适应市场变化和消费者需求的变化。同时，随着心理学和市场营销学等领域的不断发展，企业对消费者心理的理解和运用也将更加深入和精准。因此，未来企业在制定促销策略时应更加注重消费者心理的影响，实现更加精准和有效的营销目标。

参考文献

［1］田睿. 供应链管理模式下物流企业发展存在的问题与对策［J］. 农村经济与科技，2020，31（8）：83－84.

［2］姚金涛. 互联网生态背景下产业园物业管理新格局研究［J］. 中外企业家，2020（18）：34－35.

［3］陈军军. 条码技术在物流管理中的应用［J］. 现代营销（下旬刊），2020（5）：114－115.

［4］郭亚楠. 供应链管理模式下企业物流管理方法探讨［J］. 现代营销（下旬刊），2020（5）：113－114.

［5］陈靖晶. 电子商务环境下的物流管理创新策略分析［J］. 中外企业家，2020（17）：89.